TECENDO VIVÊNCIAS NA EDUCAÇÃO

Editora Appris Ltda.
1.ª Edição - Copyright© 2025 dos autores
Direitos de Edição Reservados à Editora Appris Ltda.

Nenhuma parte desta obra poderá ser utilizada indevidamente, sem estar de acordo com a Lei nº 9.610/98. Se incorreções forem encontradas, serão de exclusiva responsabilidade de seus organizadores. Foi realizado o Depósito Legal na Fundação Biblioteca Nacional, de acordo com as Leis nos 10.994, de 14/12/2004, e 12.192, de 14/01/2010.

Catalogação na Fonte
Elaborado por: Dayanne Leal Souza
Bibliotecária CRB 9/2162

T255 2025	Tecendo vivências na educação / organizadora e autora Eriene Macêdo de Moraes ; Cristiani Carina Negrão Gallois ... [et al.]. – 1. ed. – Curitiba: Appris, 2025. 93 p. : il. ; 21 cm. – (Coleção Educação, Tecnologias e Transdisciplinaridades). Vários autores. Inclui referências. ISBN 978-65-250-7599-0 1. Experiências. 2. Reflexão. 3. Educação. I. Moraes, Eriene Macêdo de. II. Gallois, Cristiani Carina Negrão. III. Título. IV. Série. CDD – 370

Livro de acordo com a normalização técnica da ABNT

Appris editorial

Editora e Livraria Appris Ltda.
Av. Manoel Ribas, 2265 – Mercês
Curitiba/PR – CEP: 80810-002
Tel. (41) 3156 - 4731
www.editoraappris.com.br

Printed in Brazil
Impresso no Brasil

Eriene Macêdo de Moraes (autora)
Cristiani Carina Negrão Gallois (autora)
Coautores: Leandro Santana Oliveira
Marcos Antonio de Jesus
Vânia Maria de Araújo Passos

TECENDO VIVÊNCIAS NA EDUCAÇÃO

Appris editora

Curitiba, PR
2025

FICHA TÉCNICA

EDITORIAL	Augusto Coelho
	Sara C. de Andrade Coelho

COMITÊ EDITORIAL E CONSULTORIAS

- Ana El Achkar (Universo/RJ)
- Andréa Barbosa Gouveia (UFPR)
- Antonio Evangelista de Souza Netto (PUC-SP)
- Belinda Cunha (UFPB)
- Délton Winter de Carvalho (FMP)
- Edson da Silva (UFVJM)
- Eliete Correia dos Santos (UEPB)
- Erineu Foerste (Ufes)
- Fabiano Santos (UERJ-IESP)
- Francinete Fernandes de Sousa (UEPB)
- Francisco Carlos Duarte (PUCPR)
- Francisco de Assis (Fiam-Faam-SP-Brasil)
- Gláucia Figueiredo (UNIPAMPA/ UDELAR)
- Jacques de Lima Ferreira (UNOESC)
- Jean Carlos Gonçalves (UFPR)
- José Wálter Nunes (UnB)
- Junia de Vilhena (PUC-RIO)
- Lucas Mesquita (UNILA)
- Márcia Gonçalves (Unitau)
- Maria Margarida de Andrade (Umack)
- Marilda A. Behrens (PUCPR)
- Marília Andrade Torales Campos (UFPR)
- Marli C. de Andrade
- Patrícia L. Torres (PUCPR)
- Paula Costa Mosca Macedo (UNIFESP)
- Ramon Blanco (UNILA)
- Roberta Ecleide Kelly (NEPE)
- Roque Ismael da Costa Güllich (UFFS)
- Sergio Gomes (UFRJ)
- Tiago Gagliano Pinto Alberto (PUCPR)
- Toni Reis (UP)
- Valdomiro de Oliveira (UFPR)

SUPERVISORA EDITORIAL	Renata C. Lopes
PRODUÇÃO EDITORIAL	Maria Eduarda Paiz
REVISÃO	Ana Carolina de Carvalho Lacerda
DIAGRAMAÇÃO	Andrezza Libel
CAPA	Juliana Turra
REVISÃO DE PROVA	Jibril Keddeh

COMITÊ CIENTÍFICO DA COLEÇÃO EDUCAÇÃO, TECNOLOGIAS E TRANSDISCIPLINARIDADE

DIREÇÃO CIENTÍFICA Dr.ª Marilda A. Behrens (PUCPR)   Dr.ª Patrícia L. Torres (PUCPR)

CONSULTORES

- Dr.ª Ademilde Silveira Sartori (Udesc)
- Dr. Ángel H. Facundo (Univ. Externado de Colômbia)
- Dr.ª Ariana Maria de Almeida Matos Cosme (Universidade do Porto/Portugal)
- Dr. Artieres Estevão Romeiro (Universidade Técnica Particular de Loja-Equador)
- Dr. Bento Duarte da Silva (Universidade do Minho/Portugal)
- Dr. Claudio Rama (Univ. de la Empresa-Uruguai)
- Dr.ª Cristiane de Oliveira Busato Smith (Arizona State University /EUA)
- Dr.ª Dulce Márcia Cruz (Ufsc)
- Dr.ª Edméa Santos (Uerj)
- Dr.ª Eliane Schlemmer (Unisinos)
- Dr.ª Ercilia Maria Angeli Teixeira de Paula (UEM)
- Dr.ª Evelise Maria Labatut Portilho (PUCPR)
- Dr.ª Evelyn de Almeida Orlando (PUCPR)
- Dr. Francisco Antonio Pereira Fialho (Ufsc)
- Dr.ª Fabiane Oliveira (PUCPR)
- Dr.ª Iara Cordeiro de Melo Franco (PUC Minas)
- Dr. João Augusto Mattar Neto (PUC-SP)
- Dr. José Manuel Moran Costas (Universidade Anhembi Morumbi)
- Dr.ª Lúcia Amante (Univ. Aberta-Portugal)
- Dr.ª Lucia Maria Martins Giraffa (PUCRS)
- Dr. Marco Antonio da Silva (Uerj)
- Dr.ª Maria Altina da Silva Ramos (Universidade do Minho-Portugal)
- Dr.ª Maria Joana Mader Joaquim (HC-UFPR)
- Dr. Reginaldo Rodrigues da Costa (PUCPR)
- Dr. Ricardo Antunes de Sá (UFPR)
- Dr.ª Romilda Teodora Ens (PUCPR)
- Dr. Rui Trindade (Univ. do Porto-Portugal)
- Dr.ª Sonia Ana Charchut Leszczynski (UTFPR)
- Dr.ª Vani Moreira Kenski (USP)

Aos nossos pais por sempre acreditarem que a educação poderia mudar a vida dos seus filhos, por isso, impulsionaram a nossa caminhada, nos fizeram perceber que os valores são o alicerce para a convivência com as pessoas.

Aos nossos professores que revelam na prática de ensinar, um compromisso com o futuro. Por todo esforço dispensado e por compartilhar o conhecimento como fonte de inspiração.

SUMÁRIO

INTRODUÇÃO 9

1
CULTURA DIGITAL E A APRENDIZAGEM MATEMÁTICA....................11
*Marcos Antonio de Jesus**
Eriene Macêdo de Moraes

2
SEQUÊNCIA DE FIBONACCI: DINAMIZANDO A PRÁTICA.................27
*Leandro Santana Oliveira**
Eriene Macêdo de Moraes

3
CULTURA SILENCIADA: CULTURA SULISTA E NORDESTINA EM
LUÍS EDUARDO MAGALHÃES 39
Cristiani Carina Negrão Gallois
Eriene Macêdo de Moraes

4
DOCÊNCIA UNIVERSITÁRIA EM MEIO À PANDEMIA.......................57
Eriene Macêdo de Moraes
Cristiani Carina Negrão Gallois

5
O PROJETO POLÍTICO PEDAGÓGICO PARA UMA GESTÃO ESCOLAR
DEMOCRÁTICA PARTICIPATIVA...73
Eriene Macêdo de Moraes
Cristiani Carina Negrão Gallois
Vânia Maria de Araújo Passos

6

REFLEXÕES SOBRE A BNCC NA ESCOLA DO CAMPO 81
Cristiani Carina Negrão Gallois
Eriene Macêdo de Moraes
Vânia Maria de Araújo Passos

SOBRE AS AUTORAS 89

SOBRE OS COAUTORES 91

INTRODUÇÃO

> "A prática docente crítica, implicante do pensar certo, envolve o movimento dinâmico, dialético, entre o fazer e o pensar sobre o fazer." (Freire, 1996, p. 38)

Novos são os compromissos e as relações que desafiam o professor no mundo contemporâneo. No contexto da escola pública, o cenário é mais complexo, por isso requer um olhar cuidadoso e comprometimento com um trabalho pedagógico de qualidade por parte dos envolvidos na educação.

O conhecimento pedagógico tem origem no exercício de uma prática reflexiva, comprometida, significativa e intencional. O professor no dever de sua atuação profissional, como mediador e formador, deve refletir sobre sua prática pedagógica para aprimorá-la e fortalecê-la e, a partir dessa instância, desenvolver novos conhecimentos, pois em sua prática profissional continuará ensinando e construindo conhecimentos.

Dessa forma, o professor reflexivo desenvolve sua prática docente, levando em consideração a realidade por ele vivenciada, de modo que suas ações precisam estar ancoradas num processo contínuo de análise e revisão das próprias ações, num movimento que o permita enxergar sua experiência de vida profissional docente e a buscar meios para atuar sobre ela.

As vivências abordadas neste livro apresentam as possibilidades de relacionar a teoria e a prática por meio de experiências exitosas de aprendizagem no espaço da sala de aula, além de apontar a relevância da diversidade metodológica no ensino. Pensar na metodologia como uma possibilidade de facilitar o processo de ensinagem é uma maneira de contribuir no enfrentamento dos problemas que surgem no espaço escolar. Alguns dos relatos de experiências integram a pesquisa de mestrado conforme autorização do comitê de ética[1].

---

[1] Comitê de Ética e pesquisa da Universidade Federal do Tocantins (UFT), sob o parecer 4.37.083.

Logo, a ação de ensinar está relacionada à de aprender, por isso este livro também intenta provocar reflexões aos leitores sobre o processo de ensino e aprendizagem, sobre o cuidado em planejar e conduzir o processo de estratégias de ensino que permitam ao estudante apreender o que está estudando e principalmente respeitar o tempo de aprendizagem de cada aluno, legitimando assim o êxito na ensinagem.

CULTURA DIGITAL E A APRENDIZAGEM MATEMÁTICA

Marcos Antonio de Jesus[2]*
Eriene Macêdo de Moraes

"Matemática não é apenas números, e sim envolve letras e toda a capacidade que o ser humano consegue expressar."
(François Viète)

INTRODUÇÃO

Este trabalho relata uma experiência vivenciada em uma escola pública, contemplando alunos de oitavo ano (anos finais do ensino fundamental). Foi desenvolvida nas aulas de Matemática, na intenção de tornar a aula mais dinâmicas, uma sequência para a criação de um jogo utilizando a ferramenta tecnológica acessível ao público em questão.

O cenário da pesquisa apresenta uma acentuada diversidade cultural e social, o que exige dos profissionais dessa unidade de ensino um olhar minucioso sobre o direcionamento de metodologias diversificadas para atender às diferentes maneiras de aprendizagem, respeitando o tempo de aquisição desta, por parte dos alunos.

Diante dos aparatos tecnológicos presentes no cotidiano das pessoas, permanecer com práticas obsoletas no espaço escolar seria negligenciar as possibilidades de recursos disponíveis para

---

[2] * Mestre em Matemática; professor de matemática na educação básica e ensino superior. E-mail: marcos_antjesus@hotmail.com.

enriquecer a prática pedagógica. Mesmo antes de frequentarem a escola, as crianças já precedem um domínio tecnológico manipulando diversas ferramentas.

As abordagens que subsidiam este trabalho contemplam reflexões acerca da Cultura Digital, a relevância do uso adequado da tecnologia em sala de aula, bem como o uso do jogo como recurso metodológico. O objetivo deste estudo foi analisar os resultados provocados pelo uso do software PowerPoint, da Microsoft, abordando o objeto de conhecimento potenciação.

Os resultados desta pesquisa confirmam que o uso dos recursos tecnológicos possibilita enriquecer a prática do professor, também facilitam a compreensão dos conceitos pelos estudantes. Vale ressaltar que a proposta do jogo da memória pode ser utilizada por outros professores de Matemática, no intuito de dinamizar a aula e atrair a atenção do aluno para uma aprendizagem significativa[3].

1.1 A TECNOLOGIA EM SALA DE AULA

As expectativas em relação à atribuição direcionada à educação para contemplar o uso da tecnologia em sala de aula, estão voltadas para o uso digital, alfabetização e letramento digital, inclusão tecnológica, entre outros, que visam alavancar a comunicação e informação, bem como na apropriação do conhecimento produzido pela humanidade, abarcando assim, a "Cultura Digital." Na concepção de Kenski (2018):

> [...] a expressão cultura digital, integra perspectivas diversas, vinculadas às inovações e aos avanços nos conhecimentos, e à incorporação deles, proporcionados pelo uso das tecnologias digitais e as conexões em rede para a realização de novos tipos de interação, comunicação, compartilhamento e ação na sociedade (Kenski, 2018, p. 139).

---

[3] Comitê de Ética e pesquisa da Universidade Federal do Tocantins (UFT), sob o parecer 4.37.083.

Diante disso, Kenski (2018), convida à reflexão sobre a dinâmica de ensino, ela deve acompanhar as mudanças sociais que acontecem a cada instante, e, nesse contexto, emerge a necessidade da atualização e novas formas/maneiras de oferecer ao estudante um ambiente de aprendizagem significativo. Situações do cotidiano permitem a manipulação e o agir natural em contato com os recursos tecnológicos, desde os equipamentos eletrônicos a uma simples caminhada que pode ser monitorada por um destes.

Isso posto, todos os adventos da tecnologia facilitaram o acesso às informações, conduzir esse processo de maneira articulada, interagindo com as demais áreas do saber, possivelmente facilitará a formação integral do estudante. Para tanto, a escola precisa orientar sobre o volume de informações,

> [...] não é aconselhável apenas fornecer informação aos alunos, temos que ensiná-los como utilizar de forma eficaz essa informação que rodeia e enche suas vidas, como acessá-la e avaliá-la criticamente, analisá-la, organizá-la, recriá-la e compartilhá-la (Peréz Goméz, 2015, p. 290).

Dessa maneira, a cultura digital pode tornar-se uma forte aliada do professor na construção de novas metodologias, favorecendo a construção do processo de aprendizagem. O uso intencional da tecnologia em sala de aula, pelo professor, funciona como um complemento que auxilia na compreensão dos objetos de conhecimento em Matemática.

A partir dessa premissa, a disciplina de matemática passa a ter uma aliada para a compreensão dos conceitos, a mesma sempre foi evidenciada como um componente curricular de conceitos difíceis, complicado, que poucos alunos entendem, ou não desenvolveram o gosto por estudar a matéria, sempre com altos índices de reprovação. A tecnologia permite uma vasta possibilidade de jogos, ferramentas móveis e aplicativos facilita a conexão entre professores e alunos, permitindo ao professor substituir algumas práticas por novas tecnologias.

Destarte, Kenski (2012) confirma que as mudanças contemporâneas reveladas com o uso das redes modificaram as ligações com o saber. Ela destaca que as pessoas necessitam acompanhar o ritmo de mudanças para não permanecerem com práticas obsoletas, permitindo assim eficácia das práxis.

Assim sendo, a proposta que segue tem por objetivo sugerir uma das diversas possibilidades ao fazer didático do professor, alinhando as tecnologias a favor da aprendizagem Matemática, oportunizando aos professores a reflexão sobre as mudanças, inovações e flexibilizações necessárias para atender o aluno do século XXI, integrado ao mundo tecnológico, mesmo quando não possui uma gama de aparelhos eletrônicos.

1.2 JOGOS

O jogo utilizado em sala de aula como estratégia de aprendizagem deve ser concebido como um agente cognitivo que auxilia o aluno a pensar sobre suas ações e decisões, desenvolvendo o conhecimento matemático. Pois, segundo os Parâmetros Curriculares Nacionais (PCNs) (Brasil, 1990, p. 251):

> À medida que vamos nos integrando ao que se denomina uma sociedade da informação crescente e globalizada, é importante que a Educação se volte para o desenvolvimento das capacidades de comunicação, de resolver problemas, de tomar decisões, de fazer inferências, de criar, de aperfeiçoar conhecimentos e valores, de trabalhar cooperativamente.

Pelo excerto supracitado, é possível identificar que a discussão a respeito da competência Cultura Digital na educação vem de longa data, mas ainda não integrada efetivamente ao ensino. Em passos mais largos, nos últimos anos os avanços tecnológicos foram mais evidentes na vida das pessoas o que traz um novo panorama para a sala de aula. Imbuir-se nesse processo é a forma mais inteligente de acompanhar essa evolução. E aproximar esse panorama da sala de aula requer criatividade e comprometimento dos profissionais, requer preparação. Assim sendo, os jogos digitais, softwares, também são recursos potenciais para aguçar o raciocínio lógico, além de incentivar o aluno a aprender, desenvolvendo técnicas intelectuais e a socialização.

1.3 DESENVOLVIMENTO E RESULTADOS

A metodologia utilizada nesta pesquisa pauta-se na pesquisa qualitativa com fins descritivos, uma pesquisa participante, com auxílio da pesquisa bibliográfica. Os instrumentos para coleta de dados foram os jogos produzidos pelos alunos, em consonância com a sequência sugerida, a observação dos alunos na construção e apresentação do jogo, bem como os relatos e depoimentos dos envolvidos sobre a atividade. As ações foram organizadas em duas etapas. A primeira foi a elaboração da sequência para construção do jogo, utilizando o PowerPoint como apoio. Nessa etapa, foram observadas as possibilidades viáveis para adequar ao objetivo da atividade.

Na segunda etapa, os alunos foram orientados a executar a sequência. Antes de iniciarem, os estudantes tiveram acesso à explanação dos conceitos sobre potenciação. Ao construírem o jogo, visitaram as anotações sobre o objeto de conhecimento em estudo. Após construírem os jogos, os alunos socializaram e apontaram algumas observações e sugestões, relatando a relevância da atividade. Entre os depoimentos:

Figura 1 – Depoimento participante 1

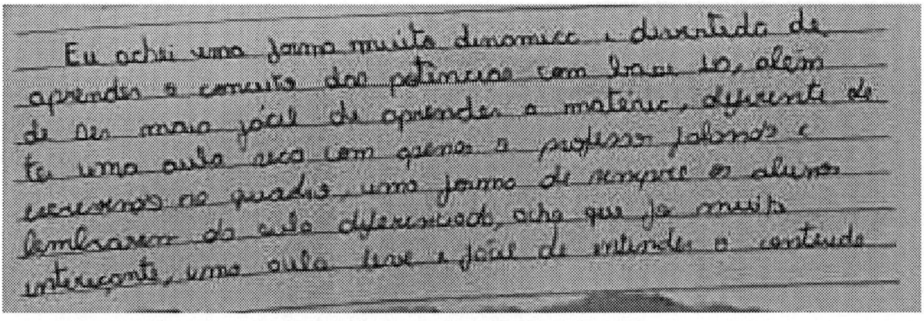

Fonte: dados coletados na pesquisa

Figura 2 – Depoimento participante 2

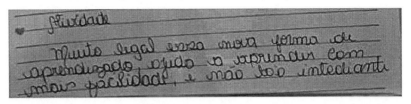

Fonte: dados coletado na pesquisa

Diante desses registros, é possível confirmar que a aprendizagem se torna significativa para o aluno à medida que o interesse pela atividade é despertado. No primeiro depoimento, o participante utiliza vários adjetivos para definir a importância da aula. O quanto a metodologia interferiu no processo de apreensão dos conceitos estudados. Ficam também evidenciadas, por intermédio do depoimento, as características de uma aula sem dinamismo. O aluno faz uso de rótulo com a expressão "SECA" para enfatizar que a metodologia utilizada rotineiramente pelo professor precisa ser diversificada. Ao relatar "permite lembrar" do que foi estudado, revela uma expressão capaz de simplificar a maneira como essa criança aprende.

No segundo depoimento, a aluna deixa implícito que as aulas de Matemática que geralmente conhece têm caráter "entediante". Ela ainda destaca a facilidade para aprender os conceitos "com a nova forma", o que torna, na visão dela, mais simples a apropriação dos objetos de conhecimento. Os relatos apresentados tornam explícito que o resultado da prática desenvolvida foi produtivo e relevante.

Diante do resultado dessa atividade, foi socializada com professores que ministram aulas de matemática para os anos finais do ensino fundamental, durante um momento de formação continuada na rede de ensino. Os professores envolvidos interagiram com a experiência, executaram o passo a passo no laboratório de informática, bem como tiraram dúvidas e sentiram-se motivados para replicarem a sugestão.

Figura 3 – Professor Marcos compartilhando a experiência

Fonte: acervo dos autores

O que foi verificado com essa ação, junto aos professores, ratifica que "a troca de experiências e a partilha de saberes consolidam espaços de formação mútua, nos quais cada professor é chamado a desempenhar, simultaneamente, o papel de formador e formando" (Nóvoa, 1997, p. 26).

Passo a passo do jogo da Memória - Potência de base 10 no PowerPoint, da Microsoft

O jogo a seguir é construído por meio do software PowerPoint, da Microsoft, uma construção simples que não demanda várias configurações que permitem ao jogo virtual uma dinâmica de abrir e fechar peças.

Seguindo os passos descritos, o professor ou qualquer outra pessoa que tenha interesse consegue confeccionar os slides e configurar cada peça do jogo.

Passo 1: abra o software PowerPoint, limpe o slide, exclua as duas caixas de textos, conforme exemplo da figura a seguir.

Figura 4 – Iniciando a confecção do jogo

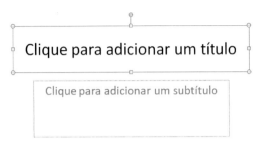

Fonte: acervo dos autores

Passo 2: adicione um retângulo no slide por meio do menu inserir, conforme as Figuras 5 e 6.

Figura 5 – Adicionando o retângulo

Fonte: acervo dos autores

Figura 6 – O retângulo

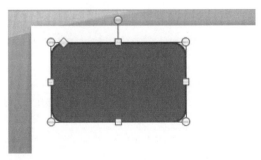

Fonte: acervo dos autores

Passo 3: duplique o retângulo criado no passo anterior. No teclado, segure (ctrl + d). Adicione algo no primeiro retângulo, que será a parte de trás, enumere o segundo retângulo, que será a parte da frente da Figura 7. Troque a cor do segundo retângulo, caso considere necessário.

Figura 7 –Trocando a cor do retângulo

Fonte: acervo dos autores

Passo 4: configurações das peças.

Acesse o endereço:

https://drive.google.com/file/d/16gPBQeKie9l7YkOOynN PMRgHBSJeJdln/view?usp=sharing

caso tenha dúvidas em algum passo.

1. Clique em animação, em seguida, animação personalizada; Figura 8.

Figura 8 – Configuração

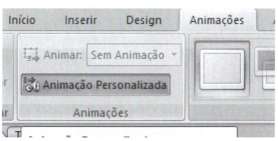

Fonte: acervo dos autores

II. Clique no segundo retângulo, em seguida, escolha um efeito de saída; Figura 9. Escolha um efeito de entrada para o mesmo retângulo; Figura 10.

Figura 9 – Efeito de entrada

Fonte: acervo dos autores

Figura 10 – Efeito de saída

Fonte: acervo dos autores

III. Com o segundo retângulo selecionado, clique na seta do efeito de entrada e selecione intervalo; Figura 11. Em seguida, selecione: disparadores ⇒ Iniciar ao clicar em ⇒ retângulo de cantos arredondados 1.

Figura 11 – Intervalo

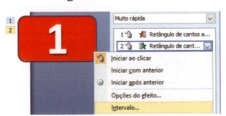

Fonte: acervo dos autores

Figura 12 – Disparadores

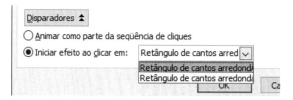

Fonte: acervo dos autores

IV. Volte ao "**menu**" formas e escolha algo (Figura 13), para apagar a peça quando ocorrer a correspondência. Deixe-a com tamanho pequeno. Em seguida, clique no primeiro retângulo e escolha o efeito: ênfase ⇒ mais efeitos ⇒ Escurecer. Figura 14.

Figura 13 – Formas

Fonte: acervo dos autores

Figura 14 – Efeitos

Fonte: acervo dos autores

V. Selecione o primeiro retângulo e clique no efeito ênfase que foi colocado, clique na seta intervalo e, em seguida, siga os passos da Figura 15.

Figura 15 – Smiley

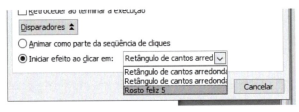

Fonte: acervo dos autores

VI. Faça o agrupamento das três peças de acordo com a Figura 16.

Figura 16 – Agrupamento

Fonte: acervo dos autores

VII. Duplique a peça com as configurações (Figura 17). Em seguida, faça as alterações com a pergunta e a resposta para as peças.

Figura 17 – Configurações

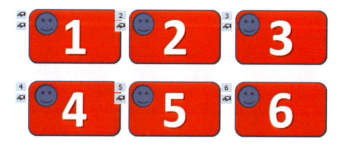

Fonte: acervo dos autores

Figura 18 – Perguntas e respostas

Figura 19 – Perguntas e respostas

Fonte: acervo dos autores

CONSIDERAÇÕES FINAIS

As constatações acerca do estudo realizado trazem provocações sobre a aprendizagem dos alunos, também sobre a ação didática do professor. Diante dos aparatos tecnológicos presentes no cotidiano das pessoas, insistir com práticas obsoletas no espaço escolar seria desprezar as possibilidades de recursos disponíveis no universo tecnológico. Pode-se afirmar que é ignorar os avanços tecnológicos, ou melhor, deixar a escola à margem da vida para qual ela mesma deve preparar.

A análise dos resultados do jogo construído pelos alunos trouxe à tona a importância de valorizar as individualidades, as limitações e o tempo de cada aluno ao construir a aprendizagem, pois cada aluno traz consigo histórias, experiências e vivências que precisam ser respeitadas. Por isso, faz-se necessário a promoção de contextos educacionais que impulsionem o desenvolvimento dos potenciais de cada aluno.

Contudo, é importante destacar que o uso de novas tecnologias no processo de aprendizagem potencializa o fazer pedagógico, dinamiza as aulas, valoriza os conhecimentos que os alunos já possuem, aguça a criatividade. São benefícios que apenas complementam a prática do professor, o resultado do uso destes, depende da criatividade nas ações planejadas e, sobretudo, que o professor esteja aberto a ressignificar sempre suas ações pedagógicas, incluindo ou excluindo modos de fazer, dependendo do que estes significam para os seus aprendizes.

REFERÊNCIAS

BRASIL, Ministério da Educação e do Desporto. **Parâmetros Curriculares Nacionais**. Brasília, 1997, 1999.

KENSKI, V. M. **Educação e tecnologias**: um novo ritmo da informação. 8. ed. Campinas: Papirus, 2012.

KENSKI, Ivani M. Cultura Digital. *In:* MILL, Daniel. **Dicionário crítico de Educação e tecnologias e de educação a distância.** Campinas: Papirus, 2018. p. 139-144.

NÒVOA, A. (coord.). **Os professores e sua formação.** Lisboa: Dom Quixote, 1997.

PERÉZ GÓMEZ, Ángel I. **Educação na era digital**: a escola educativa. Tradução de Marisa Guedes. Porto Alegre: Penso, 2015.

2

SEQUÊNCIA DE FIBONACCI: DINAMIZANDO A PRÁTICA

Leandro Santana Oliveira[4]*
Eriene Macêdo de Moraes

O professor deve adotar o papel de facilitador, não de provedor de conteúdo.
(Vygotsky)

INTRODUÇÃO

A Matemática é propagada como um conjunto de conceitos difícil de ser compreendido, por isso denominada "o bicho de sete cabeças" na escolarização das crianças e jovens. No intento de minimizar esse estigma, tendências pedagógicas modernas apontam possibilidades de investir nos recursos didáticos e na metodologia para minimizar os entraves entre o ensino da matemática e a aprendizagem dos alunos. Pensando nisso, este estudo apresenta um relato sobre o desenvolvimento de uma intervenção didática com o objeto de conhecimento Sequência de Fibonacci, com a finalidade de possibilitar a compreensão dos conceitos pelos alunos de uma maneira dinâmica.

O público participante da pesquisa são alunos de nono ano do ensino fundamental, estudantes de uma escola pública, no município de Luís Eduardo Magalhães (BA). Um dos grandes desafios dos profissionais nessa localidade é o processo de inclusão social e escolar decorrente do acelerado fluxo de pessoas que chegam à cidade. São famílias que vêm em busca de novas oportunidades

---

[4] * Professor de matemática na educação básica e ensino superior. Formador de professores que ensinam matemática da rede municipal de Ilhéus-BA. E-mail: leandro_santana_oliveira@yahoo.com.br

de trabalho, tendo em vista o crescimento do município, tanto em extensão quanto produção e habitação. Assim, o município agrega habitantes de diversas regiões do Brasil e do mundo, atraídos por emprego, pelo agronegócio, alta produtividade e diversidade agrícola, bem como pela industrialização, dentre outros produtos e serviços, os quais direcionam as pessoas a novas tentativas.

Diante dessa diversidade, o trabalho desenvolvido em sala de aula, necessita contemplar os diferentes níveis de aprendizagem e atender as peculiaridades de cada estudante. As reflexões aqui sinalizadas contemplam as contribuições e possibilidades de trabalho em Matemática, com a Sequência de Fibonacci, a importância da diversidade metodológica para a aprendizagem significativa, também o papel que o professor desempenha na formação do aluno. O objetivo deste estudo foi averiguar os resultados provocados por uma didática dinamizada nas aulas de Matemática[5].

Os resultados, obtidos por meio de observações e registros das produções dos estudantes, mostraram uma efetiva participação dos estudantes nas aulas de Matemática e, automaticamente, a compreensão da Sequência de Fibonacci. Verificou-se uma participação ativa por parte dos alunos nas atividades direcionadas, caracterizada pela interação nas aulas, contribuindo com conceitos e socialização de pesquisas sobre a temática, além de informações complementares. Vale ressaltar que devido ao impacto efetivo dos resultados das atividades desenvolvidas, a sugestão didática poderá ser utilizada por outros professores (de Matemática), na intenção de diversificar a metodologia e despertar no aluno o interesse e a curiosidade para a aprendizagem.

2.1 SEQUÊNCIA DE FIBONACCI

Em 1202, Leonardo de Pisa, também conhecido por Leonardo Fibonacci, em seu livro *Líber Abaci*, explica, em seus primeiros capítulos, o sistema de numeração indo-arábico e as operações elementares. No 12° capítulo, Fibonacci descreve a evolução da reprodução de coelhos.

---

[5] Comitê de Ética e pesquisa da Universidade Federal do Tocantins (UFT), sob o parecer 4.37.083.

"Um homem pôs um par de filhotes de coelhos num lugar cercado de muro por todos os lados. Quantos pares de coelhos podem ser gerados a partir desse par em um ano se, supostamente, todo mês cada par dá à luz a um novo par, que é fértil a partir do segundo mês?"

A figura a seguir mostra o processo evolutivo da reprodução dos coelhos apresentada por Fibonacci até o quinto mês.

Figura 1 – Esquema representativo da reprodução de coelhos

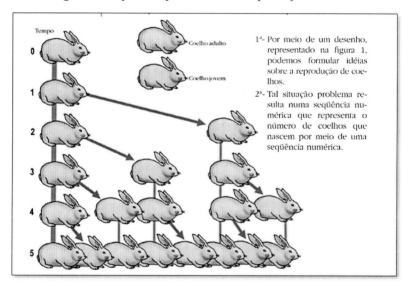

Fonte: Livro Didático – Ensino Médio (Strulk, 1997, p. 98)

Percebe-se pela figura que o número de pares de coelhos será igual ao número de pares do mês anterior mais o número de pares do mês anterior ao anterior. Na Tabela 1, segue a solução resumida até o 12° mês.

Tabela 1 – Solução sequenciada

Mês	Nº de pares de adultos	Nº de pares de filhotes	Total
1º	0	1	1
2º	1	0	1
3º	1	1	2
4º	2	1	3
5º	3	2	5
6º	5	3	8
7º	8	5	13
8º	13	8	21
9º	21	13	34
10º	34	21	55
11º	55	34	89
12º	89	55	144

Fonte: http://portaldoprofessor.mec.gov.br (2020)

Assim, a Sequência de Fibonacci é: *1, 1, 2, 3, 5, 8, 13, 21, 34,...* e aos seus termos foi dado o nome de números de Fibonacci. A partir dessa sequência deriva o **Retângulo de Ouro**, apresentado na figura a seguir.

Figura 2 – Retângulo de ouro

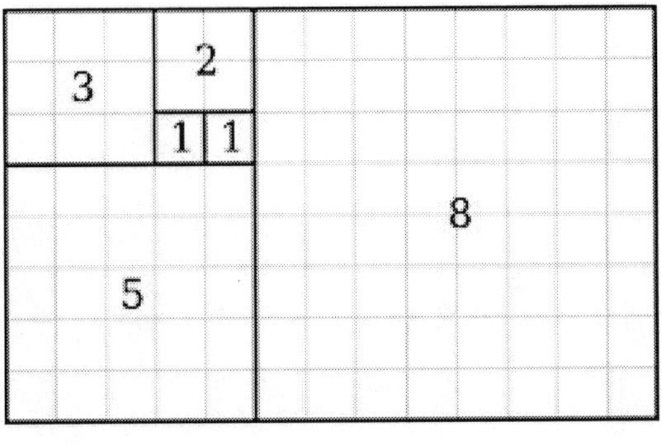

Fonte: http://portaldoprofessor.mec.gov.br (2020)

Esse retângulo dá origem ao **Espiral de Fibonacci**, traçando em seu interior um arco.

Figura 3 – Espiral de Fibonacci

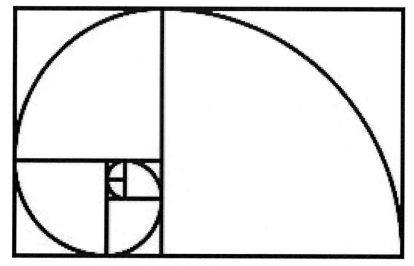

Fonte: http://portaldoprofessor.mec.gov.br (2020)

Além desse desenho em espiral, a Sequência de Fibonacci pode ser percebida na natureza, por exemplo: as folhas das árvores, as pétalas das rosas, frutos como os abacaxis, as conchas espiraladas dos caracóis ou as galáxias.

Se na proporção entre um número com o seu antecessor obtém-se a constante com um valor aproximado de 1,618, ela é chamada de **Divina Proporção**, Número Áureo, Número Dourado ou Proporção Áurea usada, dentre outras coisas, em análises financeiras, informática e para fazer desenhos perfeitos, como os utilizados por Leonardo Da Vinci em "O Homem Vitruviano".

Figura 4 – O homem Vitruviano

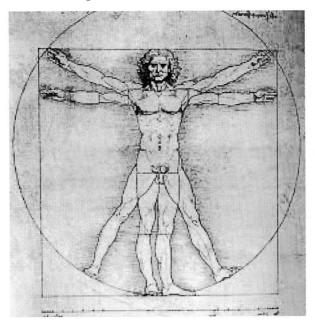

Fonte: http://portaldoprofessor.mec.gov.br (2020)

Com base nessa definição da Sequência de Fibonacci, utilizando a proporção áurea, os estudantes realizaram medições dos próprios corpos, também dos professores e funcionários da escola, na intenção de vincular à prática os conceitos adquiridos.

2.2 APRENDIZAGEM SIGNIFICATIVA

A Sequência de Fibonacci permite uma proposta interdisciplinar possível de ser desenvolvida na educação básica, permitindo uma aprendizagem mais significativa para o aluno em diversos componentes curriculares. Entre as diversas temáticas em que pode ser tratada, essa sequência possui relação com dados do corpo humano, da arte, natureza, planeta Terra, música. Essa conexão com outros componentes curriculares permite um contexto significativo do cotidiano e da história da Matemática.

Para a abstração de conceitos matemáticos é importante essa relação contextualizada, capaz de considerar as informações que os alunos já possuem, pois a Matemática está em toda parte. A mesma requer, porém, estímulos para que seja compreendida, isso ocorre desde o momento em que o aluno desenvolve o raciocínio lógico. Parece ser verídico que as pessoas detentoras de destreza na resolução de problemas matemáticos, consequentemente, possuem facilidade para conviver em situações adversas no mundo em que vivem.

Diante disso, as estratégias didáticas que vão além da transmissão de informações contribuem para a formação integral do aprendiz. Para Santaló (1996), os educadores têm a missão de preparar as novas gerações para desempenharem com destreza e eficiência as atribuições que lhes serão impostas pela sociedade, as quais enfrentarão após concluírem certo grau de escolaridade desejado. Para tanto, uma aprendizagem significativa e uma consciência crítica, consequentemente, conduzirão ao exercício pleno da cidadania.

Em relação ao trabalho docente, três objetivos primordiais necessitam ser ressaltados:

> Assegurar aos alunos o domínio mais seguro e duradouro possível dos conhecimentos científicos; criar as condições e os meios para que os alunos desenvolvam capacidades e habilidades intelectuais de modo que dominem métodos de estudo e de trabalho intelectual visando a sua autonomia no processo de aprendizagem e independência de pensamento; orientar as tarefas de ensino para objetivo educativo de formação da personalidade, isto é, ajudar os alunos a escolherem um caminho na vida, a terem atitudes e convicções que norteiem suas opções diante dos problemas e situações da vida real (Libâneo, 1994, p. 71).

Esses objetivos tornam claro o compromisso do educador em relação à formação do estudante, por isso a necessidade de criar condições para que o estudante construa o seu conhecimento de maneira ampla e mais autônoma, entendendo que cada aluno possui suas individualidades e uma maneira particular de apreender o que está exposto. A autonomia do aluno, nessa condição, está inter-relacionada com a práxis desenvolvida em sala de aula.

2.3 DESENVOLVIMENTO E RESULTADOS

O trabalho foi realizado com seis turmas de nono ano do ensino fundamental, com aproximadamente 36 alunos cada turma, com idade entre 13 a 17 anos na Escola Municipal José Cardoso de Lima, localizada no centro da cidade de Luís Eduardo Magalhães (BA).

A pesquisa qualitativa mediou esse trabalho, com fins descritivos, e se caracterizou como uma pesquisa participante, embasada pela pesquisa bibliográfica, a qual subsidiou a análise dos dados coletados. Os instrumentos para coleta de dados foram as observações e registros das produções dos alunos, o roteiro didático executado e também os depoimentos e contribuições em relação às atividades, as quais se configuram como aprendizagem.

As ações para constituição da atividade propriamente dita ocorreram em duas fases. A primeira, de planejamento, foi a elaboração e a execução do roteiro de atividade. Nessa fase, foram traçados os caminhos viáveis para adequar ao objetivo da proposta.

Na segunda fase, os alunos foram orientados sobre a realização dos trabalhos de execução e pesquisa. Os discentes pesquisaram sobre Leonardo de Fibonacci e Leonardo Da Vinci e sua obra "O Homem Vitruviano". Os alunos, manipulando fita métrica, realizaram as medições para cálculo das proporções áureas, semelhantes às das descritas na obra de Da Vinci. Como desdobramento da atividade, e aplicação mais prática, ocorreu a confecção de maquetes com base nas obras realizadas por Da Vinci para exposição na Feira de Ciências.

As orientações didáticas das atividades desenvolvidas nas aulas basearam-se em sensibilização dos alunos, por meio de uma exposição, com auxílio de vídeos e animações sobre a sequência de

Fibonacci e a Divina proporção. Nessa etapa, foi possível observar interesse e engajamento de grande parte dos alunos, pois perceberam, assim, que haveria movimento, ou seja, sairiam do tradicional caderno, caneta e quadro branco para serem sujeitos ativos no aprendizado, inclusive teriam o atrativo da saída da sala de aula, o que para os estudantes nessa fase de escolarização constitui motivação, o "diferente". Houve pesquisa sobre Leonardo Da Vinci e Leonardo Fibonacci e suas contribuições para as ciências. Ressalta-se que os dados advindos da observação prévia e coletados na pesquisa mediaram o trabalho prático.

É interessante ressaltar alguns depoimentos de alunos acerca das atividades desenvolvidas, uma vez que a Feira de Ciências, em que seriam expostos os trabalhos produzidos em decorrência desses estudos, foi suspensa, devido à pandemia provocada pela Covid-19. O fato do cancelamento da exposição causou nos alunos um sentimento de frustração, o que emergiu o envolvimento deles com a atividade proposta. Conforme relata a estudante I:

> *Eu estava bem animada com o trabalho, porque seria uma coisa diferente, que iríamos fazer. E também, o tema é bem interessante; realmente, fiquei bem desanimada por não acontecer algumas ações por conta da pandemia* (Estudante I, 2020).

De acordo com os dados do Censo Escolar, o Brasil tem cerca de 48 milhões de estudantes, sendo mais de 39 milhões na rede pública e nove milhões na rede privada. Desde março de 2020, as atividades escolares no país, e em todo mundo, foram interrompidas temporariamente por conta da pandemia de Covid-19, uma das medidas adotadas para diminuir o contágio. Para outra estudante, da mesma turma, muitos planos ficaram apenas no papel, em consequência da pandemia, como apresenta o excerto:

> *Inicialmente, o ano de 2020 era de muitas metas, futuras realizações e diversos planos. Até que um dia, um vírus se espalhou surpreendentemente por todos os lugares. O mundo parou. Estabelecimentos comerciais, igrejas, aeroportos, escolas; todos os possíveis ambientes*

> de disseminação da nova doença tiveram que fechar suas portas e paralisar suas atividades. Tivemos que ficar de quarentena, um momento difícil e parecia não ter fim, no qual nossos planos de trabalhos foram adaptados ou ficaram apenas no papel. Para a confecção de uma maquete de alguma obra do gênio Leonardo da Vinci, havíamos escolhido os materiais para fazer a Ponte Giratória, e já estávamos pensando em um mecanismo para a ponte girar. O problema foi que a quarentena se prolongava cada vez mais e nossos planos foram adiados, ficando em segundo plano. Sempre gostei de criar e organizar os trabalhos e estava muito animada para realizar a maquete, tinha a expectativa de fazer um ótimo trabalho no meu último ano na Escola José Cardoso de Lima, porém tivemos que adiar nossos planos por tempo indeterminado. Contudo, a pandemia nos mostrou uma nova forma de ensinar e aprender, o conhecimento não desapareceu, ele apenas passou por uma mutação! (Estudante n. 2020, 9º ano).

O professor que desenvolveu a sequência, participante da pesquisa, expressa que:

> Enfrentei um grande desafio, minha formação foi bem tradicional e minha práxis está limitada basicamente ao caderno, caneta, livro, lista de atividades e quadro branco. Após ler sobre a Sequência de Fibonacci no nosso livro didático, enxerguei ali uma oportunidade de fazer algum trabalho com o tema. Assisti vídeos, baixei para passar aos alunos, pensei até numa feira de ciências no final do ano letivo para que os alunos apresentassem todos os trabalhos produzidos. Na véspera de começarmos a executar os trabalhos em todas as minhas 6 turmas, a escola foi fechada por causa da pandemia do novo coronavírus. Foi extremamente frustrante, mas quem sabe no próximo ano letivo consiga finalizar o plano (Professor L. 2020).

Diante desse depoimento reflexivo, é possível identificar o quão é viável a adaptação de novas práticas, bem como a mudança de paradigmas no fazer pedagógico, configurando os saberes adquiridos na prática e na teoria num processo de ação e reflexão, movimento que define a práxis pedagógica do professor. Conforme Freire (2013), práxis pode ser conceituada como "sendo reflexão e ação verdadeiramente transformadora da realidade, é fonte de conhecimento reflexivo e criação" (Freire, 2013, p. 127).

CONSIDERAÇÕES FINAIS

Este estudo favoreceu compreender o impacto que o olhar reflexivo do professor pode exercer em sua prática pedagógica. Embora as dificuldades enfrentadas no contexto escolar sejam em intensidades diferentes, conforme a realidade vivenciada, são exatamente elas que podem desencadear práticas exitosas de aprendizagens, são as problemáticas que promovem as possibilidades de ações para minimizar os diagnósticos negativos.

As considerações apontaram as possibilidades de trabalho em sala de aula com a Sequência de Fibonacci para tornar a compreensão de muitos aspectos matemáticos mais acessível ao aluno. Também evidenciaram como a aprendizagem significativa pode ser construída por meio da dinâmica metodológica conduzida pelo professor e o importante papel desse profissional na formação do aluno para que, ao sair da escola, ele possa atuar na sociedade com destreza, autonomia e competências exigidas.

Portanto, as contribuições da pesquisa permitiram verificar e entender que a reflexão da práxis potencializa o fazer pedagógico, e compartilhar a sugestão didática apresentada permitirá que ela seja utilizada por outros professores de Matemática, na intenção de diversificar a metodologia e despertar no aluno o interesse e curiosidade.

REFERÊNCIAS

BRASIL, Ministério da Educação e do Desporto. **Parâmetros Curriculares Nacionais.** Brasília, 1997, 1999.

KENSKI, V. M. **Educação e tecnologias:** um novo ritmo da informação. 8. ed. Campinas: Papirus, 2012.

LIBÂNEO, J. C. **Didática**. São Paulo: Cortez, 1994.

PAULA, Enio Freire de, portal do professor. **Os coelhos de Fibonacci.** Disponível em: http://portaldoprofessor.mec.gov.br. Acesso em: jun. 2020.

SANTALÓ, L. A. **Matemática para não matemáticos**. Porto Alegre: Artmed, 1996.

STRULK, D. J. **História Concisa das Matemáticas.** Tradução de Guerreiro, J. C. S. 3. ed. Lisboa: Gradiva, 1997.

3

CULTURA SILENCIADA: CULTURA SULISTA E NORDESTINA EM LUÍS EDUARDO MAGALHÃES

Cristiani Carina Negrão Gallois
Eriene Macêdo de Moraes

3.1 CONTEXTO

A cultura é vista como uma apropriação dos grupos incorporando costumes, hábitos, comportamentos, traços sociais, econômicos, políticos e ideologias que vão delineando as características de um povo. Nesse processo, a cultura se torna um patrimônio popular.

Conforme Alves (2013), a cultura é a manifestação humana, construída e herdada pelo homem em uma sociedade. Acrescenta-se que a cultura é um processo histórico que no decorrer dos tempos sofre rupturas na sua configuração original, o que deve ser entendido como natural de um processo de relações humanas.

É importante conhecer esse conceito para auxiliar na compreensão do estudo acerca do processo cultural no município Luís Eduardo Magalhães, no Estado da Bahia. Povos com características diversas em convívio no mesmo ambiente assumem marcos diferenciados na cultura, dividindo maneiras e costumes de vida.

Nessa perspectiva, a cultura foi evoluindo conceitualmente, criando outro pensamento cuja evolução história percebe-se claramente, apesar de atrelado às suas origens. Desse modo, consiste em um processo acumulativo de comportamentos, conhecimentos e experiências que o homem vai agregando no decorrer das gerações, informações estas que criativamente vão superando umas às outras, com inovações e criações, configurações e reconfigurações.

Para definir as características da cultura presente no município de Luís Eduardo Magalhães, foi necessário o estudo bibliográfico no acervo do Centro Cultural, do Centro de Tradições Gaúchas (CTG) e Centro de Tradições Nordestinas (CTN).

A pesquisa apontou a história da criação do município. O novo celeiro no cerrado baiano prosperou, sendo batizado como Mimoso do Oeste; por meio da Lei n. 395/1997, passou a ser distrito. Após referendo, mediante elaboração de projeto na Assembleia Legislativa da Bahia, apresentada pela então deputada Estadual Jusmari Therezinha de Oliveira, transformou-se em município em 30 de março de 2000, pela Lei n. 7619/00, tendo seu nome em homenagem ao falecido deputado, filho do Senador Antônio Carlos Magalhães (Jungues, 2004)

O ato de emancipação do distrito Mimoso do Oeste foi muito questionado e criticado por estar em desacordo com os ditames das regras federais para criações de novos municípios. A desagregação política com autonomia constitucional era vetada pela lei Federal Nacional vigente na época. A população alegava ser inconstitucional a Lei n. 7619/00, e o plebiscito que autorizou a criação do município era considerado tendencioso, uma vez que os moradores do município sede, que era Barreiras, não foram consultados. Digladiaram-se, assim, perante as leis vigentes quanto à criação do novo município. O Partido dos Trabalhadores (PT) moveu a Ação Direta de Inconstitucionalidade (ADI) n. 2.240 contra o processo de emancipação do então município (Jungues, 2004).

Somente em 2007 firmou-se a inconstitucionalidade da criação do município, dando ao Congresso Federal o prazo de dois anos para legitimar sua emancipação. Com base em Emenda Constitucional, o Congresso avaliou e avalizou a criação do município e mais seis que já tinham sido desmembrados de suas terra-mães.

Possui 17 anos de existência, gozando de autonomia política, administrativa e financeira, prevista pela Constituição Federal de 1988 (Jungues, 2004).

Conforme o Instituto Brasileiro de Geografia e Estatística (IBGE), Luís Eduardo Magalhães possui um clima tropical semiúmido e uma temperatura média anual de 22°C, sua área da unidade territorial tem 4.018,778 (km²), o gentílico é luiseduardense.

Luís Eduardo Magalhães está localizada na região do MATOPIBA, acrônimo para Maranhão, Piauí e Bahia, definidas como regiões de alto potencial agrícola. Essa expressão designa uma realidade geográfica caracterizada pela expansão de uma nova fronteira agrícola no Brasil baseada em tecnologias modernas de alta produtividade. A delimitação da região foi realizada pelo Grupo de Inteligência Territorial Estratégica da Embrapa (GITE), que utilizou como primeiro grande critério as áreas de cerrados existentes nos estados. Foi baseada em informações numéricas, cartográficas e iconográficas, resultando na caracterização territorial dos quadros natural, agrário, agrícola e socioeconômico.

O município de LEM, abreviação adotada por todos os moradores, sedia A Bahia Farm Show, a maior vitrine do agronegócio do Norte e Nordeste do Brasil, que hoje está entre as três maiores do país em volume de negócios. Dela fazem parte as maiores empresas de máquinas, implementos, insumos, aviação e serviços, o que torna a feira baiana uma excelente oportunidade de realizar negócios, promover a sua marca e ficar em dia com as novidades do mercado.

O processo de migração dos sulistas para o município de Luís Eduardo Magalhães teve início na década de 1980, motivada especialmente pela falta de terra na região Sul do país. Vale ressaltar que:

> Nesse município chegaram há mais de 20 anos os imigrantes do sul, interessados em construir uma nova fronteira agrícola do país. Partiram de Barreiras as primeiras iniciativas empreendedoras,

que resultaram, anos mais tarde no processo acelerado de desenvolvimento de toda região (Martins, 2000, p. 12).

Conforme Simon (2009), a princípio, esses sulistas firmaram-se na cidade de Barreiras e somente anos depois iriam instalar-se em Luís Eduardo Magalhães, haja vista que as terras eram consideradas mais produtivas.

No que tange aos principais motivos do processo migratório dos sulistas para o oeste da Bahia, destaca-se o fato de que no Rio Grande do Sul havia pequenas propriedades e poucas perspectivas de crescimento. "As propriedades no Sul encareceram e as terras se tornaram pequenas para as famílias que continuaram crescendo, os colonos sulistas passaram a abrir novas fronteiras agrícolas" (Jungues, 2004, p. 80).

Por outro lado, o oeste baiano, com grande extensão territorial, terras com baixos preços, condições geográficas e climáticas favoráveis, configurava-se como grande potencial econômico (Simon, 2009).

Havia também certa insegurança dos imigrantes sulistas em relação à fertilidade das terras, por se tratar de uma região de cerrado, muitos acreditavam que o solo era pobre e infrutífero. No entanto, essas impressões foram logo desfeitas, e com a união de adubação e tecnologia, logo viram que o cerrado possui alta capacidade de produção.

Ao iniciarem o desbravamento do município, ainda quando distrito Mimoso do Oeste, esses sulistas enfrentaram grandes dificuldades, dentre as quais é possível destacar: falta de encanação para água; moradia precária, ainda que muitos morassem em barracas de lona; energia elétrica; falta de comunicação; estradas ruins, dificultando o acesso às propriedades; adaptação ao clima da região; dificuldade de acesso e aquisição de materiais, produtos e serviços, dada as longas distâncias entre as propriedades e a cidade sede. Para amenizar essas dificuldades, muitos foram residir em Barreiras, sede do município, indo e vindo exaustivamente de suas fazendas (Junges, 2004).

A população de Luís Eduardo, que era de 4.000 habitantes, em 1994, no ainda distrito Mimoso, passou para 20.169, um grau de urbanização estimado em 82%, quando se tornara emancipado, calculava-se que, em 2004, já havia 40.000 habitantes, no Censo 2022 do IBGE, a população chega a 107 909 habitantes.

3.2 CENÁRIO AGRÍCOLA E CULTURA LOCAL

De forma acelerada, a agricultura produz soja e novos cultivos são testados, diversificando a base produtiva agrícola e unidades industriais são atraídas para a região. Luís Eduardo Magalhães passa a ser o mais importante espaço nordestino receptor de imigrantes, e passa a conviver com cultura e agricultura muito características dos estados do Sul.

Esse marco na história e na agricultura da Região, intensificado na década de 1970, impulsionado nas décadas seguintes pela exploração de grãos, pertence aos pioneiros sulistas. É de fundamental importância a posição que os pioneiros tomaram no desenvolvimento da região oeste da Bahia, que teve o primeiro grupo de pioneiros vindo do Rio Grande do sul, do Paraná, e que trouxe o desenvolvimento socioeconômico dessa região, principalmente quando observou a oportunidade de plantar de soja em escala. Nesse período, em que os pioneiros da região foram atraídos pelo cerrado, clima, terras baratas, além dos incentivos de crédito, os imigrantes foram recompensados pelo dinamismo e confiança.

Em consequência a essa migração dos sulistas, o município de Luís Eduardo Magalhães se consolida como um dos espaços mais promissores do Nordeste, receptor de imigrantes, onde os nativos passam a conviver com uma cultura mais centralizada com características típicas do sul do Brasil.

As características que marcam a influência sulista na cidade são definidas pelo Centro de Tradições Gaúchas (CTG), um espaço cultural que tem o propósito de preservar as manifestações e expressões culturais da tradição gaúcha. Segundo a Confederação Brasileira de Tradição Gaúcha (CBTG), por meio do Estatuto Social (2009), no Art. 3º, estabelece que têm como finalidade:

> Art. 3º A CBTG tem por finalidade:
> I - Representar, em todo o território nacional e no exterior, a cultura gaúcha, na condição de entidade maior do movimento tradicionalista gaúcho brasileiro;
> II - Desenvolver, em nível nacional, o Sistema Confederativo do Movimento Tradicionalista Gaúcho, para uma atuação integrada, fidedigna e próspera;
> III - definir políticas e diretrizes de atuação do Sistema, que valorizem as manifestações culturais regionais de convívio comum;
> IV - Promover a cultura, defesa e conservação do patrimônio histórico e artístico, voltando-se, em especial, para a organização e realização de eventos em prol da valorização da cultura, das tradições e do folclore gaúcho em nível nacional.
> V - Cumprir e fazer cumprir a "Função Social", em todos os níveis do sistema confederativo;
> VI - difundir e incentivar, em todo o território nacional, a preservação das tradições gaúchas, bem como as expressões "Movimento Tradicionalista Gaúcho" e "Centro de Tradições Gaúchas" e as siglas MTG e CTG, evitando o uso inadequado das mesmas e sua utilização na denominação de entidades não identificadas com o tradicionalismo gaúcho;
> VII - incentivar as tradições gaúchas, traçando diretrizes, rumos e princípios cívico-culturais, artísticos e esportivos ao tradicionalismo gaúcho brasileiro;
> VIII - orientar as entidades confederadas no sentido de manterem a autenticidade das manifestações gauchescas e a fidelidade às suas origens;
> IX- colaborar, pelo interesse público, com os poderes públicos constituídos e com as entidades sociais organizadas;
> X - implantar, por si, mediante proposta da Diretoria Executiva, cursos à distância ou presenciais voltados para a preservação da cultura gaúcha e ao desenvolvimento do homem do campo.

XI - promover a ética, a paz, a cidadania, os direitos humanos, a democracia e outros valores universais (CBTG – ESTATUTO SOCIAL, 2009).

Dentre as finalidades estabelecidas nesse Estatuto Social, destaca-se a prioridade que essa Confederação coloca diante da preservação da produção cultural gaúcha. Envolve todas as manifestações em relação à comida, à dança e aos valores éticos, bem como constitui a função social como uma prática a colaborar com as boas condutas dentro de uma sociedade.

Essas organizações fortalecem não somente no Brasil, mas também em localidades internacionais, as raízes de um povo que se encontra fora do seu espaço local, porém, estruturam-se contextos que remontam diariamente os seus costumes, hábitos e valores de uma terra que mesmo longínqua pode caracterizar-se bem próxima de patriotas.

Sinaliza-se que essa estrutura, conforme aponta o Estatuto Social (2009), no Art. 1º, é a Entidade Maior do Movimento Tradicionalista Gaúcho Brasileiro, cuja essencialidade é valorizar, organizar, defender, promover e representar as tradições e a cultura gaúcha. Estabelece-se ainda como uma sociedade civil, sem fins econômicos, com duração indeterminada, que foi fundada 1987.

A preocupação desse estado em configurar suas raízes mesmo fora do Rio Grande do Sul expressa uma valorização da cultura como um todo, sendo importante para os descendentes que não nascerão nesse contexto, porém o contato com as informações e formas contrai um conteúdo coeso às culturas do povo gaúcho.

Em relação à dança, o CTGB regulamenta o Festival Nacional de Arte e Tradição Gaúcha (Fenart), em que expõe, no Art. 3º:

> Art. 3º O FENART é um Concurso de Provas Individuais e Coletivas, versando sobre cultura brasileira e tem a sua essencialidade na valorização e na promoção da cultura gaúcha, preservação e promoção das artes, das tradições e do folclore e se desenvolve através de seis (06) modalidades, a saber:

I. Danças Tradicionais; II. Chula; III. Música; IV. Causo e Declamação; V. Danças Birivas. VI. Dança de Salão (CTGB – FENART, 2012).

Assim sendo, a disseminação da cultura e consequentemente da dança colocam não somente o gaúcho em contato com sua cultura como permite o reconhecimento e a valorização de outros povos para com essa cultura. Percebe-se que a dança é visualizada a partir de critérios estabelecidos de forma que há uma elaboração desse desenvolvimento, não dando espaço à aleatoriedade dos movimentos e passos.

É interessante o envolvimento dos participantes de maneira que todos sejam alocados em atividades diversas, possibilitando o contato inclusive das crianças com várias informações e manifestações culturais do seu povo, reafirmando assim esses valores.

Nessa perspectiva, o CTGB - Fenart (2012) regulamenta:

> Art. 8º Art. 8º Para efeito deste Regulamento, as categorias dos Participantes, são as seguintes:
> I. Mirim - até o ano em que completar 13 (treze) anos
> II. Juvenil - do ano que completar 14 (quatorze) anos até o ano em que completar 17 (dezessete) anos
> III. Adulto - igual ou acima de 17 (dezessete) anos
> IV. Veterano - do ano em que completa 30 (trinta) anos ou com idade igual ou acima de 30 (trinta) anos.
> V. Xiru - igual ou acima de 50 (cinquenta) anos (só como apresentação de Danças Tradicionais) (CTGB – FENART, 2012).

Essa regulamentação deixa claro o envolvimento dos participantes nas várias faixas etárias, o que traz a sensação de acolhimento e divertimento para todos, inclusive visitantes.

A Fenart institui ainda as modalidades das danças tradicionais, como a mirim, juvenil, adulto, veterano e Xiru, dispondo essas modalidades em três blocos. Orienta-se que os CTGs sigam a mesma estrutura de organização, uma vez que pretende a disseminação cultural por meio de formas organizadas e sistêmicas.

Nessa perspectiva, no município de Luís Eduardo Magalhães localizado no oeste baiano encontra-se um número concentrado de gaúchos, onde realizam as suas manifestações culturais também por meio do CTG, que são difundidos a partir do formato já apresentado. Reafirmamos vínculos culturais com a difusão da culinária, dança, teatro, bebidas, roupas e comunicação.

Sabe-se que as contribuições dos rio-grandenses para a cidade no que se refere ao processo cultural é de grande preciosidade, como afirma Junges (2004)

> A comunidade que se instalou nos gerais trouxe na bagagem suas raízes adquiridas nos Estados do Sul do país. Entre elas seus costumes de tomar chimarrão e as danças gauchescas - o folclore gaúcho. Por isso, logo após comprar suas terras, plantar a lavouras, organizar escolas e igrejas ao seu redor, os migrantes providenciaram um centro de tradições gaúchas (Junges, 2004, p. 106)

Esses centros de tradições gaúchas foram inaugurados em 11 de janeiro de 1991, no povoado de Mimoso do Oeste, CTG - Sinuelo dos Gerais com objetivo de propiciar um ambiente agradável para as famílias se encontrarem e se divertirem. É notório a motivação desse grupo em manter viva a tradição, manifestada por seus costumes no que se refere ao vestuário, sotaque, alimentação, habitação, convenções sociais e outros.

Edward Tylor (*apud* Marques *et al.*, 2004) definiu como cultura todo aquele complexo de costumes, leis, arte, moral, religiões ou credos, como capacidades e hábitos desenvolvidos pelo homem como membro da sociedade. Assim, os sulistas se nesse ponto de vista de Tylor, preservam todos esses hábitos em Luís Eduardo Magalhães. Ao longo de uma grande parte do seu tempo dedicado ao cultivo da terra, o gaúcho também prepara para se divertir. O tradicionalismo gaúcho traz em seu bojo uma série de princípios e costumes seculares passado de pai para filho, proporcionando os alegres fandangos, o tropel de cavaleiros conduzindo a chama crioula pelas ruas principais da cidade, apresentações artísticas e campeiras, as competições de laços e um bom churrasco.

Percebe-se que o apego à terra natal é uma das características marcante desse público. Tudo nos centros de tradição gaúcho faz referência à vida rural, aos hábitos rurais, de reunirem migrantes que quase sempre estão em torno de um fogo de chão.

Como afirma Zeno Cardoso e Rui Cardoso Nunes (*apud* Simon, 2009, p. 146)

> O galpão características do Rio Grande do Sul, uma construção rústicas, de regular tamanho, cobertura de santa fé na fronteira, ou de taboinhas, nos campos de cima da serra, em geral com parte da área assoalhada de madeira bruta e parte de terra batida, desprovida de portas e às vezes até de uma das paredes, onde o fogo de chão está sempre aceso. Serve de abrigo e aconchego á planada da estância e qualquer tropeiro, viajante ou gaudério, que dele necessite.

Outra peculiaridade do CTG são os cargos dos integrantes, usam denominações trazidas das funções exercidas, como: patrão, capataz, sota-capataz, posteiro, peão e agregado. O vestuário também deriva de roupa usada pela gente que vive no campo, além dos bailes com músicas e danças do passado, os CTGS incentivam as cavalgadas, as disputas de habilidades entre cavaleiros.

Nesse mesmo paradigma, a cultura do rio-grandense volta-se para bailes com características tradicionais, onde dançam xote, vaneira, vaneirão, rancheira, bugio, valsa, marcha e outros gêneros musicais. Entre os jogos preferidos, observam-se pelada ou futebol de meia cancha, bocha, rinha de galo, corridas de cavalo (cancha reta) etc.

Aqui na cidade de Luís Eduardo, muitas dessas tradições culturais são seguidas para dar vida aos costumes rio-grandenses que foram trazidas por pioneiros que acreditaram na nova terra prometida e acabaram se estabelecendo com sua família sem esquecer suas raízes formadas do Sul. Atualmente, é possível observar que o acesso às atividades do CTG não se limita somente aos sulistas, há inclusão de qualquer indivíduo interessado em participar. Algo conquistado por meio da miscigenação.

Para confrontar os dados e averiguar a hipótese aqui levantada, outra vertente em pesquisa foi o CTN (Centro de Tradições Nordestinas), constituído por iniciativa da comunidade do Bairro Santa Cruz, cuja característica peculiar é a origem dos moradores, eles são, em sua maioria, nordestinos, com destaque para migrantes da região de Irecê – BA. A região de Irecê já foi a maior produtora de feijão do Nordeste e a segunda maior do Brasil, atualmente baseia-se na policultura. Por influências climáticas, a região deixou de ser destaque agrícola, o que motivou a migração dos moradores, cuja sobrevivência estava atrelada à produção agrícola; ao se instalarem em Luís Eduardo.

Anos posteriores, surge o CTN. Há registros de eventos que ocorrem em Luís Eduardo no intuito de preservar a cultura nordestina em meio à diversidade cultural existente, entre estes, destaca-se o concurso de quadrilhas, grupos de capoeira, danças culturais nordestinas (xaxado, dança do coco, maculelê). A comemoração do São João (festa junina) tem se intensificado nos últimos anos, emergindo as tradições nordestinas.

A cultura do Nordeste retrata uma complexa teia, composta de características herdadas do convívio e interação com os colonizadores portugueses, dos negros e dos índios. Nela estão incluídos conhecimentos, diversas manifestações religiosas, costumes, artes, danças, literatura popular e hábitos de determinado grupo.

O Nordeste brasileiro, por ser plural, é reconhecido como uma região que apresenta elementos singulares no que se refere a símbolos e manifestações que compõem as culturas populares. Evidencia-se que as unidades que compõem a região não são apenas associações políticas, mas também produtoras de acepções dentro de um processo de representação cultural, dessa cultura tão rica e diversificada que é a cultura nordestina.

O conjunto de conhecimentos como: costumes, artes, cultos religiosos, danças, culinária e literatura entre outras expressões, quando se trata dos sentidos do popular, é cultura. Canclini esclarece que:

> As culturas populares (termo que achamos mais adequado do que a cultura popular) se constituem por um processo de apropriação desigual dos bens econômicos e culturais de uma nação ou etnia por parte dos setores subalternos, e pela compreensão, reprodução e transformação, real e simbólica, das condições gerais e específicas do trabalho e da vida (Canclini, 1983, p. 42).

Diante dessa afirmação, percebe-se que as culturas populares não derivam apenas de uma apropriação, mas também da produção pelo povo como formas de reprodução, representação e ressignificação das suas relações sociais no seu cotidiano. Dessa forma, considera-se que é no âmbito popular que ocorre a construção das narrativas mais significativas quanto à representação da cultura do Nordeste, nascida na diversidade da miscigenação entre os povos que formaram a sociedade brasileira e que ao longo do tempo foram adaptadas dentro de um contexto social e econômico.

Para Marilena Chauí, o conceito de cultura deve ser alargado, tendo como base a criação coletiva de valores, costumes, ideias e ícones, "de forma a consolidar-se que todas as pessoas e grupos são seres e sujeitos culturais" (1995, p. 81). Por isso, é necessária valorização do patrimônio imaterial, riqueza esta transmitida de geração a geração, constantemente criada e recriada pelos povos e comunidades em função de seu ambiente e da organização social, interagindo com sua história e a natureza, concebendo um sentimento de identidade e continuidade.

A criação da identidade cultural de um povo envolve questões éticas e comportamentais diante dos aspectos históricos, políticos, sociais e econômicos, elaborando um perfil com características próprias de um tempo e espaço, porém extrapolam-se em muitos casos a forma do pensamento, mas basicamente os comportamentos estão atrelados às razões da época em que o indivíduo se encontra.

Segundo Sousa (2013, p. 1):

> A identidade cultural é um conjunto vivo de relações sociais e patrimônios simbólicos historicamente compartilhados que estabelece a comunhão de determinados valores entre os membros de uma sociedade. Sendo um conceito de trânsito intenso e tamanha complexidade, podemos compreender a constituição de uma identidade em manifestações que podem envolver um amplo número de situações que vão desde a fala até a participação em certos eventos.

Os valores que caracterizam a identidade cultural são construídos a partir das relações sociais entre os indivíduos e os patrimônios simbólicos de uma determinada sociedade. Essas relações acontecem em um campo vasto de informações caracterizadas pelos comportamentos, falas, ideologias, quebra de paradigmas, entre outros requisitos observados. Com isso, é possível traçar características que marcam a identidade cultural do cidadão luiseduardense.

Constata-se que a identidade cultural e o processo de construção dos espaços urbanos da fronteira foram fortemente influenciados pelos sulistas. Luís Eduardo Magalhães não nasceu de um núcleo paroquial, como é de costume verificar na história das cidades brasileiras, mas de um posto de combustível chamado Mimoso do Oeste, fundado por migrantes sulistas para servir como ponto de abastecimento e de descanso dos caminhoneiros. O posto de combustível foi o ponto que demarcou a expansão de desenvolvimento populacional de Luís Eduardo Magalhães-BA.

Figura 1 – Foto do posto de combustível

Posto Mimoso em 1984. (Álbum de família).

Fonte: Junges (2004, p. 117)

Diante disso, as diversidades culturais não são empecilhos nas adaptações dos imigrantes, porém os registros consultados comprovam a influência marcante da cultura sulista, desde a culinária às variações linguísticas, silenciando características da cultura nordestina, goianos, paulistas, mineiros, entre outros.

É perceptível que em Luís Eduardo Magalhães-BA há grandes contribuições e influências culturais de vários povos, e entre eles destacam-se os sulistas, como afirma Simon (2009, p. 31):

> É de se destacar o extraordinário surto de desenvolvimento registrado nas duas últimas décadas, na área que tem Barreiras como cidade principal. Aquela região é responsável por 60% da produção de grãos do Estado, e sua renda *per capita* é uma das maiores do interior do Nordeste. As demais cidades da região – Desidério, Formosa do Rio Preto, Baianópolis, Correntina e Riachão das Neves – são grandes produtoras de soja. Mas o maior destaque fica mesmo para a cidade de Luís Eduardo Magalhães, a mais gaúcha delas, cujo crescimento explosivo em pouco tempo chega a causar espanto (Simon, 2009, p. 31).

Essa predominância se deve a um processo histórico desencadeado pelo desbravamento social, econômico, político e também cultural que se deu nesse município, como já foi destacado nesta pesquisa. Sendo os sulistas os pioneiros dessa região e consequentemente os que têm mais concentração desse povo, as marcas culturais e econômicas são percebidas principalmente na organização da comunidade como um todo.

A diversidade cultural traz pontos de tolerância e respeito às culturas e formas de viver e conviver, isso ocorre também pela junção percebida que aconteceu no decorrer dos anos, bem como os resultados obtidos desta. Durante esse estudo, as dificuldades observadas consistem na ausência de acervos, muitos fatos ocorridos historicamente são relatados por moradores antigos. Apesar do município ter pouco tempo de emancipação, existia uma representação histórica dos pioneiros já instalados que não foram sistematizadas e/ou registradas por escrito.

Sugere-se que esta pesquisa possa ser explorada também em outros campos do conhecimento, como Sociologia e Antropologia, a fim de aprofundar nos conhecimentos culturais e os processos de adaptações de uma determinada sociedade. Todavia, a pesquisa possibilitou contemplar o objetivo proposto, confirmando a hipótese suscitada no início da pesquisa, que as características predominantes são especificamente da cultura sulista.

REFERÊNCIAS

ALVES, Vicente Eudes Lemos. A mobilidade sulista e a expansão da fronteira agrícola brasileira. **Agrária**, São Paulo, v. 2, p. 40-68, 2005.

BARROS, Jussara de. **A dança**. Disponível em: http://www.brasilescola.com/artes/danca.htm. Acesso em: 5 maio 2013.

BELLO, José Luís de Paiva. **Metodologia científica**: manual para elaboração de textos acadêmicos, monografias, dissertações e teses. Universidade Veiga de Almeida (UVA), Rio de Janeiro, 2005.

BOSSI, Alfredo. A origem da palavra cultura. **Pandu Giha**, 2008. Disponível em: http://pandugiha.wordpress.com/2008/11/24/alfredo-bosi-a--origem-da-palavra-Cultura/. Acesso em: 30 abr. 2013.

CANCLINI, Nestor Garcia. Definiciones em transición. *In:* MATO, Daniel (org.). **Estudios latinoamericanos sobre cultura y transformaciones sociales em tiempos de globalización.** Buenos Aires: Clacso, 2001. p. 65.

CANEDO. Daniele. "Cultura é o quê?" – Reflexões sobre o conceito de cultura e a atuação dos poderes públicos. **V Enecult** – Encontro de Estudos Multidisciplinares em Cultura, Faculdade de Comunicação/UFB, Salvador, 27 a 29 de maio de 2009. Disponível em: http://www.cult.ufba.br/enecult2009/19353.pdf. Acesso em: 4 maio 2013.

CONFEDERAÇÃO BRASILEIRA DA TRADIÇÃO GAÚCHA. **Estatuto Social.** Brasília: CBTG, 29 nov. 2009.

CORTES, Paixão; LESSA, Barbosa. **Manual de Danças Gaúchas.** Porto Alegre: Irmãos Vitale, 1956.

CHAUÍ, Marilena. Cultura política e política cultural. **Estudos Avançados**, São Paulo, n. 9, v. 23, p. 71-84, 1995.

ETIMOLOGIA cultura. **Origem da Palavra**, 2023. Disponível em: http://origemdapalavra.com.br/palavras/cultura/ Lista de palavras. Acesso em: 1 maio 2013.

HAESBAERT, Rogério. **Des-territorialização e identidade:** a rede gaúcha no Nordeste. Rio de Janeiro: Niterói, 1992.

LAYTANO, Dante de. **Folclore do Rio Grande do Sul:** Levantamento dos costumes e tradições gaúchas. Caxias do Sul: EDUCS, 1987.

MARQUES. Lilian Argentina B. *et al.* **Rio Grande do Sul:** aspectos do folclore. Porto Alegre: Editor Martins Livreiro. Ed. 2004. 158 p.

PRODANOV, Cleber Cristiano; FREITAS, Ernani Cesar de. **Metodologia do trabalho científico [recurso eletrônico]:** métodos e técnicas da pesquisa e do trabalho acadêmico. 2. ed. Novo Hamburgo: Feevale, 2013.

ROCHA. Everardo P. Guimarães. **O que é etnocentrismo**. São Paulo: Editora Brasiliense, 1988. (Coleção Primeiros Passos, 40).

SANTOS, José Luís dos. **O que é cultura**. São Paulo: Brasiliense, 2006. (Coleção Primeiros Passos, 110).

SANTOS, Raimunda Silva dos; GORGEN, Salete Valentini; CONEGLIAN, Sônia Regina Dinardi. **As novas faces do gaúcho de Luís Eduardo Magalhães configuradas entre 1985 e 2005**. 2007. Monografia (Curso de Filosofia) – Faculdade João Calvino, Barreiras, 2007.

SILVA, Kalina Vanderlei; SILVA, Maciel Henrique. **Cultura**. Dicionário de Conceitos Históricos, 2006. Disponível em: http://www.igtf.rs.gov.br/wp-content/uploads/2012/03/conceito_CULTURA.pdf. Acesso em: 4 maio 2013.

SIMON, Pedro. **A diáspora do povo gaúcho**. Brasília: Senado Federal, 2009. 191 p.

SOARES, Andréia Cristiane Moraes. A influência da cultura árabe no folclore gaúcho. **Instituto da Cultura Árabe**, 5 mar. 2010. Disponível em: http://www.icarabe.org/artigos/a-influencia-da-cultura-arabe-no-folclore-gaucho. Acesso em: 4 maio 2013.

SOUSA, Rainer. Identidade Cultural. **Mundo Educação**. Disponível em: http://www.mundoeducacao.com.br/sociologia/identidade-cultural.htm. Acesso em: 4 maio 2013.

ZILBERMAN, Regina. **Literatura gaúcha**. Porto Alegre: LP&M, 1985.

4

DOCÊNCIA UNIVERSITÁRIA EM MEIO À PANDEMIA

Eriene Macêdo de Moraes
Cristiani Carina Negrão Gallois

O destino da humanidade é desconhecido, mas sabemos que o processo de existir modifica-se.
(Morin)

INTRODUÇÃO

A universidade é uma instituição educativa que tem por intuito a contínua reflexão crítica pautada na pesquisa, no ensino e na extensão. No entanto, requer a apropriação do conhecimento historicamente construído para a construção de conhecimentos que possam alavancar o enfrentamento de novas exigências e desafios que a sociedade impõe.

Isto posto, o presente estudo apresenta uma pesquisa desenvolvida no município de Luís Eduardo Magalhães-BA. O público participante da pesquisa foram 9 (nove) professores que trabalham no ensino superior. O lócus da pesquisa se deu num Centro Universitário que oferta cursos de Ciências Humanas, Exatas e Agrárias. O intuito deste estudo é identificar as estratégias de ensinagem utilizadas no período da Pandemia (Covid-19) no ensino superior da referida universidade e os impactos na aprendizagem. Para o desdobramento, ocorreu uma enquete junto aos docentes da referida instituição, em seguida, o aporte bibliográfico subsidiou a interpretação dos dados.

O delineamento desta pesquisa se dá por uma breve discussão teórica a respeito do ensino superior; o processo de ensinagem no cenário da Pandemia (Covid-19); subsequente a discussão dos resultados da pesquisa realizada e as considerações sobre o estudo.

4.1 ENSINO SUPERIOR

O ensino superior no Brasil tem raízes jesuíticas que decorreu na fundação do primeiro estabelecimento de ensino, que ocorreu na Bahia no ano de 1550. Posteriormente, nessa modalidade de ensino integrou os ideais da burguesia francesa, desencadeando mais tarde as faculdades isoladas no Brasil, onde foram criados os cursos de Medicina, Engenharia e Direito, nas respectivas cidades: Salvador, Rio de Janeiro, Olinda e em São Paulo.

O ensino superior visa ao constante exercício da reflexão crítica, que se fundamenta na tríade: pesquisa, ensino e extensão. Conforme o **Art. 207** da Constituição Federal (1988), "As universidades gozam de autonomia didático-científica, administrativa, de gestão financeira e patrimonial, e obedecerão ao princípio de indissociabilidade entre ensino, pesquisa e extensão."

Figura 1 – Ensino, pesquisa e extensão: do que estamos falando?

Fonte: http://posgraduando.com

Assim, a pesquisa e a extensão estão imbricadas. Por isso, ao construir o conhecimento é importante a polarização deste com a sociedade, uma forma de legitimar a integração e demandas emergentes da sociedade por meio dos resultados produzidos nas instituições de ensino superior, de acordo com Morin, a universidade:

> [...] conserva, memoriza integra e ritualiza uma herança cultural de saberes, ideias e valores que acaba por ter um efeito regenerador, porque a universidade se incube de reexaminá-la, atualizá-la e transmiti-la [...] Por isso, a universidade é conservadora, regeneradora e geradora (Morin, 2000, p. 15).

À vista disso, a universidade tem a atribuição de disseminar a diversidade cultural, bem como instruir os acadêmicos sobre as múltiplas vertentes de ver o mundo. Observa-se que ao longo da história a universidade e a sociedade coadunam ideais e valores, porém na contemporaneidade ocorreu um distanciamento nesse âmbito, o que dá origem a "uma questão muito séria, o desafio conceitual do momento que atravessamos que está levando acadêmicos a uma dissonância cognitiva séria" (Santos, 2008, p. 163).

Perante todos os campos do saber existem diversas formas de ver o mundo, definir concepções, ordenar o pensar e o fazer. Para Santos (2008), essas novas perspectivas e conexão de saberes podem ser definidas como interdisciplinaridade, multidisciplinaridade, transdisciplinaridade etc.

uma questão muito séria, o desafio conceitual do momento que atravessamos que está levando acadêmicos a uma dissonância cognitiva séria"

Essa nova forma de ver o mundo alavancou a mudança de paradigmas, houve um avanço no meio tecnológico, também em outros campos da sociedade do século XXI, porém a universidade não acompanhou essa evolução. Consoante com Santos (2002):

> [...] a coisa é tão grave que um observador sem preconceitos poderia mesmo julgar-nos por falta reiterada de imaginação. Caímos naquele defeito de considerar velhas formas de pensar como inevitáveis, o que tem gravemente impedido o desenvolvimento da ciência em geral. Ao invés de perseguir um saber novo, preferimos deliciarmos com a reprodução do saber velho. Isto é possível pelas formas de cooptação que, embora diferentes segundo os lugares, terminam oferecendo os mesmos resultados, isto é, a canonização dos (velhos) modelos (Santos, 2002, p. 25).

Diante disso, Santos (2020) incita a reflexão sobre a necessidade de mudança na educação, sendo essa um grande desafio, pois os envolvidos necessitam do estudo contínuo para romper velhas práticas e construir novos paradigmas.

4.2 O PROCESSO DE ENSINAGEM NO CENÁRIO DA PANDEMIA

Ensinagem, na perspectiva de Anastasiou (2003), é o processo em que certamente ocorre aprendizagem, oriunda de uma prática complexa, construída entre professor e aluno no espaço escolar, que efetiva o ato de ensinar e aprender.

Outrossim, esse processo de ensinagem é intencional e pode sofrer interferências externas. Confirma-se esse entrave por meio do cenário mundial vivenciado na segunda década do século XXI, nomeada por: a Pandemia da Covid-19, que trouxe incertezas em todos os setores, no Brasil e no mundo. Na tentativa de reduzir a disseminação do novo coronavírus, medidas de distanciamento social foram adotadas.

A Covid-19 é uma doença causada pelo coronavírus SARS-CoV-2, o quadro clínico varia de infecções assintomáticas a quadros respiratórios graves. A Organização Mundial da Saúde (OMS) declarou, em 30 de janeiro de 2020, que o surto da doença causada pelo novo coronavírus (Covid-19) constitui uma Emergência de Saúde Pública de Importância Internacional – o mais alto nível de alerta da Organização, conforme previsto no Regulamento Sanitário Internacional. Em 11 de março de 2020, a Covid-19 foi definida pela OMS como uma pandemia.

Na Educação, em consequência desse movimento, ações emergenciais foram fundamentais. Destaca-se, por exemplo, a transferência de aulas e outras atividades pedagógicas para formatos à distância, buscando abrandar os efeitos do isolamento social no aprendizado dos alunos. O caminho foi utilizar plataformas on-line, aulas ao vivo em redes sociais e materiais digitais e impressos, com o intuito de garantir a continuidade das aprendizagens pelo aluno.

Incorporar essas novas estratégias para esse momento se torna alternativa para reduzir os potenciais efeitos da crise da Educação. Mesmo que não suprirão todas as necessidades curriculares previstas, surgem inseguranças e riscos, também grandes possibilidades. Ensinar através dessas ferramentas propõe um novo paradigma e demanda a construção de novos conceitos e práticas que respondam às necessidades dos alunos e professores no atual momento.

A Pandemia evidenciou uma série de dificuldades tecnológicas para alunos e professores. Com relação à docência, estão entre as questões apontadas de modo geral no panorama das vivências a falta de domínio das ferramentas digitais e a dificuldade de aliá-las às práticas pedagógicas virtuais. Os alunos apontam a falta de acesso à internet como grande dificuldade, de recursos digitais, como computadores e celulares, para acessar às aulas. "A pandemia e a quarentena estão a revelar que são possíveis alternativas, que as sociedades se adaptam a novos modos de viver quando tal é necessário e sentido como correspondendo ao bem comum." (Santos, 2020, p. 29).

4.3 METODOLOGIA

A metodologia utilizada neste estudo foi a pesquisa qualiquantitativa, com o intento de analisar as reflexões oriundas dos dados coletados. A opção por esta pesquisa justifica-se por possibilitar a legitimação do contexto vivenciado na Educação, em meio à Pandemia.

Sobre pesquisa qualiquantitativa, Gatti (2004, p. 4) aponta que são métodos que se complementam.

> [...] que se traduzem por números podem ser muito úteis na compreensão de diversos problemas educacionais. Mais ainda, a combinação deste tipo de dados com dados oriundos de metodologias qualitativas, podem vir a enriquecer a compreensão de eventos, fatos, processos. As duas abordagens demandam, no entanto, o esforço de reflexão do pesquisador para dar sentido ao material levantado e analisado.

Com isso, a pesquisa se fortalece e o direcionamento pelo pesquisador traduz a análise dos dados de modo mais próximo à realidade. Como instrumentos da pesquisa foram utilizados questionários produzidos no Google Forms e depoimentos de professores que trabalham na instituição pesquisada. Os participantes foram 9 (nove) professores, não houve um critério preestabelecido para a escolha destes, o link do formulário e o convite para participação na enquete foi disponibilizado no grupo de professores da instituição via WhatsApp.

Esse trabalho se dividiu em três etapas. A primeira foi a elaboração do projeto de estudo e inserção das questões no formulário do Google. A segunda fase se deu na realização da enquete por meio do link e convite disponibilizado no WhatsApp, nessa etapa os professores tiveram acesso às questões sobre as estratégias desenvolvidas durante as aulas no período da Pandemia. A terceira etapa ocorreu por meio do levantamento dos subsídios teóricos que fundamentaram a discussão acerca da temática, bem como a análise dos dados.

4.4 RESULTADOS E DISCUSSÕES

O contexto de mudanças no ensino superior trouxe novas exigências para ensinar e aprender que se intensificaram no período da Pandemia da Covid-19, e desafiou instituições educacionais a utilizarem ferramentas tecnológicas que já existiam, para continuar o processo de ensinagem. Entre as orientações que devem ser direcionadas aos docentes do ensino superior, vale evidenciar a reconstrução das estratégias de ensino pelo professor, análise das próprias técnicas de ensinagem e detectar a efetiva aprendizagem junto aos alunos.

> *O contexto de mudanças no ensino superior trouxe novas exigências para ensinar e aprender que intensificaram no período da pandemia COVID -19, e desafiou instituições educacionais a utilizarem ferramentas tecnológicas que já existiam, para continuar o processo de ensinagem.*

Sobre esse processo, Vasconcelos (2009, p. 42) define o que é necessário para complementar o trabalho do professor:

> **a)** os objetivos gerais e específicos da instituição e da disciplina; **b)** saber identificar a turma com a qual irá trabalhar; **c)** conhecer o mercado de trabalho no qual o aluno irá trabalhar; **d)** os objetivos do processo de ensino-aprendizagem; **e)** selecionar as mais adequadas estratégias de atividades e recursos para que o ensino-aprendizagem seja alcançado; **f)** avaliar a aprendizagem dos alunos e verificar seu desempenho docente a fim de retomar os objetivos iniciais almejados para determinada turma; **g)** uma relação professor-aluno que abarque os aspectos de parceria e interação (Vasconcelos, 2009, p. 42).

Diante disso, observa-se que o processo de ensinagem decorre de uma aprendizagem interativa entre professor e aluno. Para definir os elementos que permeiam essa interação, a presente pesquisa teve por objetivo identificar as estratégias de ensinagem utilizadas no período da Covid-19 no ensino superior e os impactos destas, na aprendizagem.

Para demarcar o público participante da pesquisa, não houve um critério preestabelecido, totalizando 9 (nove) docentes do sexo feminino e masculino, especialistas e mestres com experiência na educação superior. Não houve critério de exclusão.

Para realizar a pesquisa, utilizou-se um questionário elaborado no Google Forms, com seis questões, as quais referendam as estratégias de ensino utilizadas para o desenvolvimento das aulas no período da pandemia. Em seguida, foi enviado um link para os professores responderem, conforme prévia confirmação de participação. Após devolutiva das respostas, os gráficos foram gerados e interpretados com base nos resultados apresentados.

Nessa perspectiva, os gráficos a seguir retratam como a referida instituição está desenvolvendo o processo de ensinagem durante a Pandemia da Covid-19.

Caracterização dos participantes

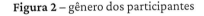

Figura 2 – gênero dos participantes

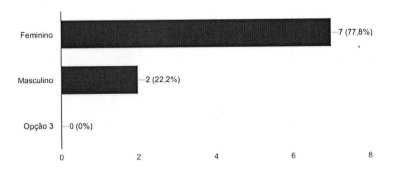

Fonte: acervo das autoras

Conforme o gráfico da Figura 2, a maioria dos entrevistados é do gênero feminino, uma característica historicamente cultivada e ainda presente na educação. Apenas 22,2 % dos entrevistados são homens, demais gêneros não foram declarados.

Figura 3 – Faixa etária dos participantes

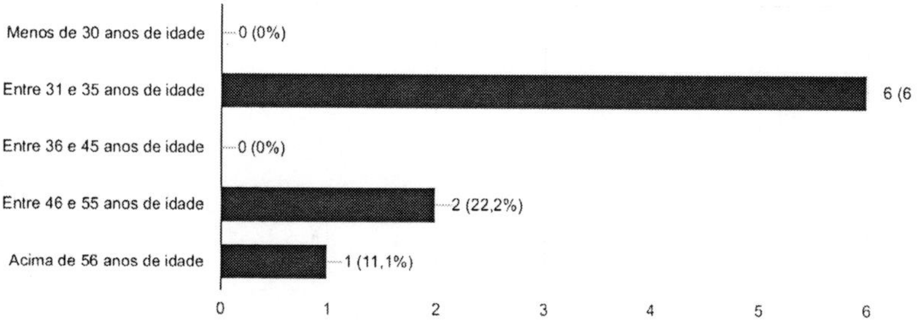

Faixa etária	Valor
Menos de 30 anos de idade	0 (0%)
Entre 31 e 35 anos de idade	6 (6
Entre 36 e 45 anos de idade	0 (0%)
Entre 46 e 55 anos de idade	2 (22,2%)
Acima de 56 anos de idade	1 (11,1%)

Fonte: acervo das autoras

Observa-se que a há presença preponderante de professores da meia idade na docência dessa instituição, apresentando duas classes de profissionais, os que nasceram antes do avanço tecnológico e os que construíram o conhecimento simultâneo a esse progresso, o que facilitou a adequação de emergência às inovações tecnológicas para enfrentar o cenário da Pandemia, impulsionando a cultura digital. Sobre essa competência da BNCC (Base Nacional Comum Curricular), "Cultura Digital" propõe:

> Compreender, utilizar e criar tecnologias digitais de informação e comunicação de forma crítica, significativa, reflexiva e ética nas diversas práticas sociais (incluindo as escolares) para se comunicar, acessar e disseminar informações, produzir conhecimentos, resolver problemas e exercer protagonismo e autoria na vida pessoal e coletiva (Brasil, 2017, p. 9).

Figura 4 – Estratégias de ensino utilizadas no período da Covid-19 para as aulas

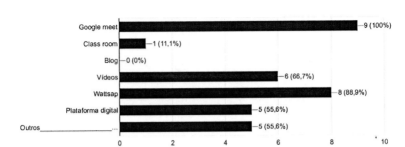

Fonte: acervo das autoras

De acordo com o gráfico, no período da Covid-19 as estratégias de ensino utilizadas pela instituição em questão para as aulas foram diversas. Todos utilizaram o aplicativo Google Meet e também outras estratégias que complementaram a metodologia de ensino. A segunda estratégia mais utilizada foi o WhatsApp, seguida de vídeos e plataforma digital.

Isto posto, fica evidente que os docentes recorreram a diversas estratégias de ensinagem, pois mesmo existindo a plataforma disponibilizada pela instituição, muniram-se de outros recursos para o desenvolvimento das aulas, visando à aprendizagem, "[...] no sentido de estudar, selecionar, organizar e propor as melhores ferramentas facilitadoras para que os estudantes se apropriem do conhecimento" (Anastasiou; Alves, 2009, p. 68).

Cunha (2006, p. 449) corrobora ao afirmar que: "estratégias incorporam a condição da flexibilidade, exigindo que o previamente planejado se adéque às condições objetivas de sua realização", desse modo, planejar estratégias possíveis para a sala de aula considerando o contexto do aluno, potencializa o processo de ensinagem.

Figura 5 – Oferta de suporte técnico para o uso dos recursos tecnológicos

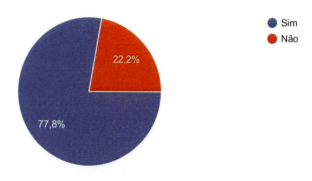

Fonte: acervo das autoras

Durante o desenvolvimento das aulas, em relação ao suporte técnico, 22,2% dos participantes afirmam não ter apoio técnico suficiente para utilizar os recursos. Ocorreu apenas instrução inicial, segundo relato dos entrevistados, como também direcionamento de um tutorial para utilizarem a plataforma.

A maioria, que representa 77,8% dos entrevistados, considera que o suporte técnico foi suficiente para atender as demandas relacionadas ao uso dos recursos tecnológicos. Diante disso, observa-se os impactos provocados pela Pandemia, principalmente as ações de emergência, o que evidencia fragilidades no decorrer das ações.

Figura 6 – As estratégias utilizadas decorreram na aprendizagem por parte do acadêmico?

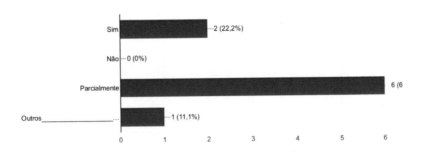

Fonte: acervo das autoras

Um número reduzido de professores considera as estratégias utilizadas, suficientes para decorrer a aprendizagem dos acadêmicos, representados por 22,2%. A maioria dos entrevistados, que corresponde a 66,7%, disse que a aprendizagem ocorreu de forma parcial.

Com isso, vem à tona a fraqueza enfrentada na realidade do ensino remoto, pois, diante da diversidade de estratégias utilizadas, ainda assim, os participantes manifestaram que houve rupturas na qualidade do processo de ensinagem. Adequar-se a esse novo cenário requer experienciar, pois não existem parâmetros definidos de melhores práticas.

No entanto, ter claros mecanismos de avaliação e fazer ajustes necessários é um caminho para minimizar as lacunas que podem surgir nesse novo modo de ensinar.

Figura 7 – Instrumentos utilizados para identificar o aproveitamento dos conteúdos

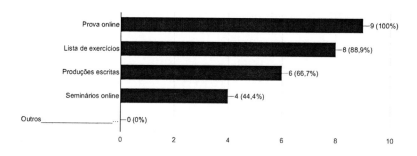

Fonte: acervo das autoras

A diversidade de instrumentos permite uma avaliação coerente no formato de ensino presencial, sendo este remoto, exige um cuidado especial em relação à prática avaliativa. O gráfico apresenta quatro categorias de instrumentos (prova on-line, lista de exercícios, produções escritas, seminários on-line). Observa-se que nenhum entrevistado apontou outro instrumento para desenvolver a prática da avaliação no modo remoto de ensino.

> As estratégias de "ensinagem" estão relacionadas à análise, seleção e uso de ferramentas facilitadoras da aprendizagem, mas que não se resumem às técnicas de ensino por si só, elas envolvem elementos determinantes como a descrição, as operações de pensamento, a dinâmica da atividade e a avaliação do processo (Anastasiou; Alves, 2010, p. 15).

Todavia, os estudantes podem apresentar resultados diferentes conforme cada instrumento de avaliação ofertado, as ferramentas facilitadoras da aprendizagem incluem a avaliação, que deve ser de caráter processual, respeitando o ciclo de aprendizagem do aluno.

CONSIDERAÇÕES FINAIS

Em virtude da Pandemia (Covid-19), o novo jeito de conduzir o processo educativo no cenário remoto requer dos professores e instituições de ensino a promoção de momentos síncronos e assíncronos para o processo de ensino e aprendizagem. A necessidade de mudanças do ensino presencial para a realidade do ensino remoto aconteceu de forma súbita, também trouxe incertezas que somente a prática do "novo normal" poderá responder.

Por isso, não existem padrões para definir a forma mais adequada de ensinagem no contexto da Pandemia (Covid-19), todas as práticas estão em fase de experiência. Esta pesquisa revelou que as estratégias de ensino no campo remoto é algo novo e está sendo explorado, apesar de muitas ferramentas em uso já existirem.

Ao identificar as estratégias de ensinagem utilizadas no período da Pandemia (Covid-19) na instituição pesquisada, confirma-se que decorreram na aprendizagem parcial das habilidades trabalhadas durante as aulas. Logo, é necessário alavancar alternativas para uma nova concepção de ensino e aprendizagem que contemplem aspectos de avaliação, pois as singularidades do momento devem considerar que os aspectos qualitativos se sobreponham aos aspectos quantitativos.

Portanto, esta pesquisa não pretende esgotar o assunto, podendo esta ser base para direcionar outros estudos no ensino superior a respeito do processo de ensinagem em meio à Pandemia (Covid-19) e os impactos destas, na aprendizagem sob o olhar do acadêmico.

REFERÊNCIAS

ANASTASIOU, Lea das Graças Camargos. Ensinar, aprender, apreender e processos de ensinagem. *In:* ANASTASIOU, Lea das Graças Camargos; ALVES, Leonir Pessate. **Processos de ensinagem na universidade**: pressupostos e estratégias de trabalho em sala de aula. Joinvile: Univille, 2010.

BRASIL. **Base Nacional Comum Curricular**. Brasília, DF: MEC, 2017. Disponível em: http://basenacionalcomum.mec.gov.br/images/BNC C_20dez_site.pdf. Acesso em: 22 dez. 2017.

BRASIL. Constituição (1988). **Constituição da República Federativa do Brasil**. Brasília: Senado Federal: Centro Gráfico, 1988.

CUNHA, M. I. Verbetes. In: CUNHA, M. Y.; MAIA, S. A. Professor da Educação Superior. In: MOROSINI, M. (ed.). Enciclopédia de pedagogia universitária: glossário. Brasília, 2006. p. 374. v. 2.

GATTI, B. A. Estudos quantitativos em educação. **Educação e Pesquisa**, São Paulo, v. 30, n.1, p. 11-30, jan./abr. 2004.

MORIN, Edgar. **Complexidade e transdisciplinaridade**: a reforma da universidade e do ensino fundamental. Natal: EDUFRN, 2000

ORGANIZAÇÃO PAN-AMERICANA DA SAÚDE. **Folha informativa COVID-19**. OPAS, 2020. Disponível em: https://www.paho.org/pt/covid19. Acesso em: 5 set. 2020.

ROLDÃO, Maria do Céu. **Estratégias de ensino**: o saber e o agir do professor. Vila Nova de Gaia: Fundação Manuel Leão, 2009.

SANTOS, Boaventura Sousa. **A Universidade no Século XXI**: para uma reforma democrática e emancipatória da Universidade. São Paulo: Cortez, 2005.

SANTOS, Milton. [1996]. **A natureza do espaço**: técnica e tempo; razão e emoção. São Paulo: Edusp, 2002.

SANTOS, Boaventura de Sousa. **A Cruel Pedagogia do Vírus**. Abril, 2020.

VASCONCELOS, Maria Lucia Marcondes Carvalho. **A formação do professor do ensino superior**. Niterói: Intertexto; São Paulo: Xamã, 2009.

O PROJETO POLÍTICO PEDAGÓGICO PARA UMA GESTÃO ESCOLAR DEMOCRÁTICA PARTICIPATIVA

Eriene Macêdo de Moraes
Cristiani Carina Negrão Gallois
Vânia Maria de Araújo Passos

Não é no silêncio que os homens se fazem,
mas na palavra, no trabalho, na ação-reflexão.
(Paulo Freire)

INTRODUÇÃO

De modo geral, a maioria das unidades escolares não se efetiva a autonomia política, financeira, pedagógica e administrativa para gerir estes espaços, o que exige uma ação reflexiva por parte da comunidade escolar, no intuito de promover mudanças de paradigmas, formação de novos valores, ao mesmo tempo a necessidade de priorizar a função social da escola definida como a formação integral dos alunos, na perspectiva da missão e visão de cada instituição.

São várias as atribuições da gestão escolar, as quais exigem interatividade e criatividade, promovendo espaços de diálogos entre a comunidade escolar. Um dos elementos que facilita essa prática é o Projeto Político Pedagógico (PPP) construído de forma colaborativa. Assim, esse estudo tem por objetivo discutir a relevância do Projeto Político Pedagógico como identidade da escola na busca da autonomia para uma gestão democrática participativa.

Para atingir o objetivo proposto, a abordagem qualitativa direcionou o processo de articulação reflexiva entre os referenciais teóricos. A participação coletiva na escola, impulsiona a autonomia e legitima a gestão democrática. Para alcançar essa autonomia em relação às dimensões existentes no contexto escolar, é necessária a participação dos profissionais da educação, da comunidade escolar e da localidade, atribuindo às instâncias colegiadas, a liberdade de fazer inferências nas tomadas de decisões, no intuito de tornar o espaço escolar democrático e participativo.

5.1 A gestão democrática e o PPP

A Constituição Brasileira de 1988 estabeleceu como um dos princípios norteadores da educação nacional a "gestão democrática do ensino público, na forma da lei" (Art.205, inciso VI). Propiciou o aprofundamento nos meios acadêmicos e técnicos que operam os processos educativos, das discussões a respeito das novas possibilidades e formas de gerir os sistemas educacionais, que incluam concepções e práticas democráticas, nas quais os sujeitos possam ter garantia de ampla participação nas decisões, no cumprimento de finalidades e objetivos educacionais.

A Lei de Diretrizes e Bases da Educação Nacional n. 9394/96 e o Plano Nacional de Educação, aprovado e sancionado em janeiro de 2001, pela Lei n. 10.172, corroboram o princípio da gestão democrática da educação, que vem sendo questionada por parte de educadores e gestores educacionais, no sentido de não se consolidarem nas suas ações educativas. Ao mesmo tempo, os órgãos centrais de gestão da educação nacional vêm implantando programas e projetos caracterizados como de gestão democrática, sistemas educacionais para a criação e a realização de programas dessa natureza, inclusive, vinculando a eles as concessões, como o financeiro, porém permeado de uma falsa autonomia.

Apesar das dificuldades impostas ao processo de gestão democrática, é possível se construir um ambiente em que cada membro da comunidade educacional se sinta parte importante do ambiente. Por meio da ação político-pedagógica do gestor escolar, atuando como um incentivador, um líder democrático que dá oportunidade aos envolvidos de opinarem sobre as problemáticas surgidas. Com isso, a gestão democrática pode ser entendida como: "um processo de aprendizado e de luta política que não se circunscreve aos limites da prática educativa, mas vislumbra, nas especificidades dessa prática social e de sua relativa autonomia" (Dourado, 2000, p. 79).

A partir desse cenário, as políticas públicas promovem uma flexibilização nas tomadas de decisões, ao mesmo tempo em que vincula os procedimentos organizativos em novas formas de operacionalizar a função do Estado, surgem os questionamentos a respeito do que é efetivamente participar das decisões no processo educativo e quais as possibilidades de atuação com a real intenção de transformar práticas homogeneizantes e excludentes em ações de participação, uma vez que estas ações podem ser conduzidas com a participação dos colegiados, os quais devem ser articulados pelo gestor.

Nesse contexto de participação, "[...] enquanto a sociedade não se educa para uma participação na família, na escola, [...] os cidadãos ficam mais suscetíveis às práticas paternalistas, ao descumprimento das leis, à atomização [...]" (Carvalho, 2013, p. 77). Por conseguinte, a prática da gestão democrática conclama uma reestruturação das instituições escolares para alavancar qualitativamente no trabalho coletivo construído por agentes participativos, em prol de uma gestão escolar democrática. A Figura 1 representa a relação entre os envolvidos no coletivo escolar como engrenagem do processo democrático.

Figura 1 – Agentes da gestão democrática na escola

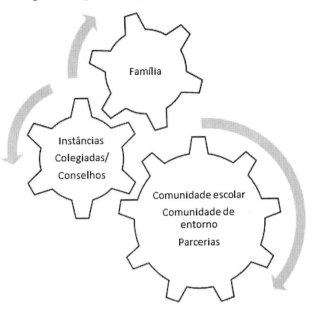

Fonte: construído pelas autoras a partir dos dados da pesquisa

A LDB (9394/96), em seu artigo 12, inciso I, prevê que "os estabelecimentos de ensino, respeitam as normas comuns e as do seu sistema de ensino, tendo a incumbência de elaborar e executar sua proposta pedagógica", deixando explícita a ideia de que a escola não pode prescindir de reflexão sobre sua intencionalidade educativa. Assim sendo, o projeto pedagógico passou a ser objeto prioritário de estudo e de muita discussão.

> Existindo projeto pedagógico próprio, torna-se bem mais fácil planejar o ano letivo ou rever e aperfeiçoar a oferta curricular, aprimorar expedientes avaliativos, demonstrando a capacidade de evolução positiva crescente. É possível lançar desafios estratégicos como: diminuir a repetência, introduzir índices crescentes de melhoria qualitativa, experimentar didáticas alternativas, atingir posição de excelência (Demo, 1998, p. 248).

O Projeto Pedagógico tem como propósito a explicitação dos fundamentos teórico-metodológicos, dos objetivos, da organização e das formas de concretizar a avaliação institucional. Do planejamento para a ação, visa à gestão dos resultados de aprendizagem, por meio da projeção, da organização e do acompanhamento de todo o universo escolar.

O PPP pode ser o mecanismo de aproximação da comunidade de entorno e as famílias dos alunos, na intenção de contribuírem incentivando-os a serem sujeitos da aprendizagem com formação adequada para reconhecer as incertezas do futuro, bem como tolerar as frustrações do cotidiano, resolver conflitos e desenvolver capacidades de decisão, tendo em vista as exigências sociais e, em especial, as mudanças estruturais da família.

O Projeto Político Pedagógico é antes de tudo a expressão de autonomia da escola no sentido de formular e executar sua proposta de trabalho que identifica a unidade escolar. Não existe um roteiro definido para a sua construção, porém é importante considerar elementos relevantes que direcione a análise dos documentos existentes nas instituições por meio do mapeamento que considere o marco situacional: como está o PPP, diagnóstico da realidade escolar. Marco conceitual: teorias/fundamentação teórica; legislação. Marco operacional: metas e planos de ação.

Com base na literatura, verifica-se a relevância da formação continuada para a equipe gestora, uma vez que eles lidam com todas as instâncias exigidas pela função. "A organização e a gestão do trabalho escolar requerem o constante aperfeiçoamento profissional, político, científico e pedagógico de toda a equipe escolar" (Libâneo, 2004, p. 145).

Contudo, Nóvoa (1997) complementa que compartilhar as vivências de saberes solidifica a formação recíproca, permitindo que cada um execute o papel concomitante de formador e formando, numa interação de troca das experiências práticas concretizadas no espaço da escola e fora dela.

CONSIDERAÇÕES FINAIS

A importância desse trabalho se configura na medida em que as reflexões podem direcionar mudanças de atitudes nas práticas, uma vez que objetivo era discutir a relevância do Projeto Político Pedagógico como identidade da escola na busca da autonomia para uma gestão democrática participativa.

Assim, esse estudo desencadeou, a partir das reflexões que o fortalecimento da autonomia da escola é o PPP, o qual deve envolver todos os segmentos no processo de pensar e viver as ações no cotidiano escolar.

Contudo, como um processo de luta, a autonomia da escola, depende da destreza dessa em resolver seus problemas articulando a participação da comunidade escolar neste processo, para então estabelecer novos caminhos impulsionados pela missão, visão e valores da instituição.

Destarte, esse estudo não pretende encerrar o assunto, pois pode ser um propulsor para continuidade do trabalho, na perspectiva da pesquisa de campo, no intuito de verificar a prática de reelaboração do PPP em unidades escolares.

REFERÊNCIAS

ANDRÉ, Marli. O projeto pedagógico como suporte para novas formas de avaliação. *In:* CASTRO, Amélia Domingues de; CARVALHO, Anna Maria Pessoa de (org.). **Ensinar a Ensinar**. Ed. São Paulo, 2001.

BRASIL. **Base Nacional Comum Curricular**. Brasília: MEC, 2017. Disponível em: http://basenacionalcomum.mec.gov.br/images/BNCC_20dez_site.pdf. Acesso em: 22 dez. 2017.

BRASIL. Lei n. 9394, de 20 de dezembro de 1996. Lei de Diretrizes e Bases da Educação Nacional. **Diário Oficial da União**, Brasília, DF, 20 dez. 1996. Disponível em: https://www.planalto.gov.br/ccivil_03/leis/l9394.htm. Acesso em: 13 nov. 2023.

BRASIL. Lei n. 10.172, de 9 de janeiro de 2001. Aprova o Plano Nacional de Educação e dá outras providências. **Diário Oficial da União**, Brasília, DF, 10 jan. 2001. Disponível em: https://gestaoescolar.org.br/conteudo/2183/como-alinhar-o-ppp-da-escola-a-base-nacional-comum-curricular. Acesso em: 15 abr. 2020.

CARVALHO, Roberto Francisco de. **Gestão e participação universitária no século XXI**. Curitiba: Editora CRV, 2013.

DEMO, Pedro. Desafios Modernos da Educação. 7. ed. Petrópolis: Vozes, 1998. FONSECA, João José Saraiva. **Metodologia da pesquisa científica**. Fortaleza: UEC, 2002. Apostila.

DOURADO, Luiz Fernandes. A Escolha de Dirigentes Escolares: políticos e gestão da educação no Brasil. *In*: FERREIRA, Naura Syria Carapeto. **Gestão Democrática da Educação**: atuais tendências novos desafios. 2. ed. São Paulo: Cortez, 2000.

LIBÂNEO, José Carlos. **Organização e Gestão da Escola**: Teoria e Prática. 5. ed. Goiânia: Alternativa, 2004.

NÓVOA, Antônio (coord.). **Os professores e sua formação**. Lisboa: Dom Quixote, 1997.

6

REFLEXÕES SOBRE A BNCC NA ESCOLA DO CAMPO

Cristiani Carina Negrão Gallois
Eriene Macêdo de Moraes
Vânia Maria de Araújo Passos

INTRODUÇÃO

O Currículo surgiu após reforma educacional na década de 1970 com o objetivo de padronizar os conhecimentos envolvidos nas concepções pedagógicas de ensino daquela época, também priorizou as questões de cunho ideológico e político, a fim de atender a escola graduada ou seriada, marca do processo de escolarização em massa durante a Revolução Industrial.

Atendendo aos princípios da Constituição Federal em seu artigo 210, prescreve a fixação de conteúdos mínimos para o ensino fundamental Brasil (1990). Em 1996, a Lei de Diretriz e Bases da Educação Nacional (LDB) reforçou a sua necessidade. Nos documentos oficiais subsequentes, à luz dos Parâmetros Nacionais Curriculares (PNC) e das Diretrizes Curriculares Nacionais (DCN), reforça a necessidade de propiciar a todos uma formação básica comum na educação básica, tendo como missão nortear os currículos e seus conteúdos para o ensino básico.

Em 2014, começou a ser construída a Base Nacional Comum Curricular (BNCC), como estratégia de articulação ao cumprimento de algumas das metas do Plano Nacional da Educação (PNE), instituído em 2014. Com o propósito de promover a equidade na educação e garantir o direito de crianças e jovens a uma educação que promova pleno desenvolvimento integral, revertendo a histórica condição de exclusão social no país.

Entretanto, a BNCC legitima os interesses internacionais de centralização curricular como mecanismo de controle do conhecimento o que reverbera na realização das avaliações em larga escala. Os resultados dessas avaliações são utilizados para ranquear as instituições escolares ao invés de direcionar ações para minimizar as fragilidades identificadas. Também são desconsideras as condições de trabalho nesse cenário e emerge a culpabilização dos professores e gestores pelos resultados da aprendizagem, o que reforça os ditames neoliberais.

No que diz respeito à Escola do Campo, a BNCC não direciona aspectos específicos, as habilidades deverão ser articuladas, conforme autonomia do Estado/Município/Escola. É possível constatar que a escola do campo pouco contempla a vivencia dos educandos, na maioria das vezes considera currículos das escolas urbanas, ficando aquém da realidade dos alunos rurais.

Nesse contexto, identifica-se a imprescindibilidade de uma política educacional voltada para a escola do campo, que considere suas necessidades, o modo próprio de vida social, superando a dicotomia entre rural/urbano, mas sem perder de vista o global. Nesse propósito esse estudo com abordagem qualitativa, tem por objetivo tecer reflexões sobre a escola do campo e a Base Nacional Comum Curricular.

6.1 ESCOLA DO CAMPO

As últimas décadas do século XX, registrou um movimento organizado pelas entidades dos agricultores, em prol de uma educação rural do campo, parte de ações contra a concentração da terra, do poder e do saber.

Observou-se um avanço na legislação em relação à oferta de educação para a população rural com a Lei de Diretrizes e Bases da Educação Nacional (LDB), aprovada em dezembro de 1996, Lei n.º 9394, cujo artigo 28, assegura:

> Na oferta de educação básica para a população rural, os sistemas de ensino promoverão as adaptações necessárias à sua adequação às peculiaridades da vida e de cada região, especialmente:
> I –Conteúdos curriculares e metodologias apropriadas às reais necessidades e interesses dos alunos da zona rural;
> II –Organização escolar própria, incluindo adequação do calendário escolar às fases do ciclo agrícola e às condições climáticas;
> III –Adequação à natureza do trabalho na zona rural (Brasil, 1996, p. 10).

Diante disso, constata-se que a LDB contempla a especificidade e diferenciação na oferta da educação básica para a população rural, apontando os materiais didáticos que valorize a realidade, calendário escolar para o trabalho na escola do campo. Entretanto, essa flexibilidade não está presente na construção do saber, uma vez que há reprodução de práticas das escolas urbanas, distanciando a construção de uma identidade própria.

Ainda que, as Diretrizes Operacionais para a Educação Básica nas Escolas do Campo foram instituídas com o propósito de construir a identidade da escola do Campo, a mesma foi aprovada em 2002, pela Câmara de Educação Básica, do Conselho Nacional de Educação, cuja identidade da escola do Campo é:

> [...] definida pela sua vinculação às questões inerentes à sua realidade, ancorando-se na temporalidade e saberes próprios dos estudantes, na memória coletiva que sinaliza futuros, na rede de ciência e tecnologia disponível na sociedade e nos movimentos sociais em defesa de projetos que associem as soluções exigidas por essas questões à qualidade social da vida coletiva no país (Diretrizes, Art. 2º, Parágrafo único).

Com base nos direcionamentos das diretrizes mencionada, é possível identificar que a construção da identidade da escola no Campo deve estar ancorada nos saberes do cotidiano dos estudantes, considerando a temporalidade e as mudanças pertencentes ao meio que estão inseridos. Para que essa identidade e/ou sua ressignificação se efetive, é imprescindível atrelar o Projeto Político Pedagógico contemple em suas ações, os saberes e fazeres que permeiam a realidade do Campo a qual a escola está localizada.

Nesse contexto, o currículo precisa ser considerado ao se articular o PPP da instituição escolar, uma vez que a proposta de unificação curricular vem passando por adaptações e transformações constantes, em busca de construir novo saberes por meio de competências e habilidades, sendo conduzido por uma trilha do conhecimento, consolidando nesse ínterim, a lógica neoliberal de conduzir um projeto de educação e normalização que atenda aos ditames do mercado.

Por isso, é relevante compreender os processos históricos que envolvem o currículo no cenário da educação. Para Moreira e Silva (2009):

> [...] O currículo está implicado em relações de poder, o currículo transmite visões sociais particulares. O currículo produz identidades individuais e sociais particulares. O currículo não é um elemento transcendente e atemporal – ele tem uma história, vinculada as formas específicas e contingentes de organização da sociedade e da educação (Moreira; Silva, 2009, p. 8).

Os autores Moreira e Silva (2009), revelam o quão os currículos estão permeados de concepções sociais, por isso, precisa ser pensado a partir do contexto cultural e ideológico para a produção de um conhecimento crítico-reflexivo, pautado num saber historicamente construído, sem desconsiderar a realidade. Sacristán (2000), corrobora com essa premissa ao afirmar que o currículo não pode ser entendido distante de suas condições reais de construção, é preciso entendê-lo em suas dimensões organizativas (política, econômica, social e cultural), estruturais, materiais, teóricas e práticas.

Assevera nessa discussão, Arroyo (1999) ao definir:

> [...] que uma das tarefas urgentes das pesquisas e análises, das políticas e dos currículos de formação é superar a visão tradicional e avançar em outro olhar que leve as pesquisas, teorias, políticas e currículos na direção do que há de mais constante, mais permanente no velho e sempre novo ofício de educar, de humanizar, de formar as mentes, os valores, os hábitos, as identidades, de produzir e aprender o conhecimento. Não é essa a função social e cultural da educação básica e de seus mestres? Não é esse o subsolo, tão denso quanto tenso, no qual sempre se situou o ofício de mestre, a função pedagógica? (Arroyo, 1999, p. 11).

Conforme apontado por Arroyo (1999), a implementação do currículo nas escolas é um desafio que requer a superação do tradicional, na construção de um conhecimento sob um novo olhar, ao mesmo tempo que abarque a função social e cultural da escola. Também destaca que é relevante o domínio teórico e históricos dos processos de elaboração e implementação do currículo por parte do professor e dos envolvidos no processo educativo.

À vista disso, é essencial que a escola do campo construa sua própria identidade, a proposta pedagógica precisa refletir essas características, para torná-las legítimas a escola deve estreitar a aproximação da realidade em que está inserida. A educação do campo precisa ser pensada a partir da preparação do homem para a emancipação, justiça, trabalho e realização plena como ser humano.

A educação do campo precisa ser pensada a partir da preparação do homem para a emancipação, justiça, trabalho e realização plena como ser humano.

Com essa especificidade a LDB determina conceitos e diretrizes normativas importantes para estabelecer as bases da proposta curricular no Brasil, fundamentadas na (Base Nacional Comum Curricular) BNCC. Em 2010, o Conselho Nacional de Educação (CNE), promulgou novas DCN no qual propôs e efetivou, ampliando e organizando a proposta de contextualização como fator decisivo nas bases das políticas públicas em educação, adicionando "a inclusão, a valorização das diferenças e o atendimento à pluralidade e à diversidade cultural, resgatando e respeitando as várias manifestações de cada comunidade", conforme destaca o Parecer CNE/CEB n.º 7/2010.

Para ampliar tais propostas, a BNCC está respaldada legalmente no Plano Nacional de Educação (PNE), Lei n.º 13.005/2014, que apresenta em seu bojo normativo à proposta ampla de fixar a necessidade de uma Base Nacional Comum Curricular para o Brasil. O referido Plano determina várias metas a serem alcançadas para ampliação das conquistas no âmbito educacional brasileiro em suas diversas modalidades através do estabelecimento de estratégias.

A Base não pode ser entendida como sinônimo de currículo, porém ela estará intimamente ligada à construção dos currículos estaduais e municipais, bem como dando suporte ao Projeto Político Pedagógico e Currículo das escolas. Esse manual normativo define as aprendizagens, habilidades e competências essenciais para desenvolver com o aluno, para que a aprendizagem ocorra prioritariamente para a vida em cada etapa da educação básica, nos estabelecimentos de ensino público e privado.

A literatura estabelece várias críticas à visão tradicional dos currículos organizados por objetivos. Uma característica presente na BNCC, consolida essa visão de desenvolvimento curricular, ignorando que é na dinâmica da cultura que as seleções são feitas.

No que tange à escola do campo, esta possui características distintas das escolas urbanas, o que implica um olhar minucioso que atenda às especificidades dessa realidade. É preciso garantir que todos os alunos tenham direito a uma educação de qualidade no país, independentemente de onde tenham nascido ou more, seja qual for sua classe social, gênero, etnia, religião.

Assim, a concepção de currículo que deve ser aprendida, abrange desde os aspectos básicos que envolvem os fundamentos filosóficos e sociopolíticos da educação até o marco teórico, referenciais técnicos e tecnológicos que a solidifica na sala de aula. Conectam, teoria e prática, planejamento e ação, na busca da equidade, direitos iguais, justiça social que supõe a igualdade de oportunidade, de ingressar, permanecer e concluir a formação.

CONSIDERAÇÕES FINAIS

O presente estudo teve o propósito de tecer reflexões sobre a escola do campo e a Base Nacional Comum Curricular, na busca de uma escola que identifique os saberes que vem do campo e organiza o conhecimento universal a ser apresentado ao estudante, para sua autonomia cultural e identidade através de práticas educativas.

Assim, é essencial que a escola do campo construa sua própria identidade, a proposta pedagógica precisa refletir essas características, para torná-las legítimas a escola deve estreitar a aproximação da realidade em que está inserida.

No que diz respeito à Escola do Campo, a BNCC não direciona aspectos específicos, as habilidades deverão ser articuladas, conforme autonomia do Estado/Município/Escola. É possível constatar que a escola do campo pouco contempla a vivencia dos educandos, na maioria das vezes considera currículos das escolas urbanas, ficando aquém da realidade dos alunos rurais. Por isso, a educação do campo precisa ser pensada a partir da preparação do homem para a emancipação, justiça, trabalho e realização plena como ser humano.

Destarte, identifica-se a necessidade de uma política educacional voltada para a escola do campo, que considere suas necessidades, o modo próprio de vida social, superando a dicotomia entre rural/urbano, mas sem perder de vista o global.

REFERÊNCIAS

ARROYO, Miguel Gonzalez e FERNANDES, Bernardo Mancano. **A educação básica e o movimento social do campo** – Brasília, DF: Articulação Nacional por uma Educação Básica no Campo, 1999. Coleção Por uma Educação Básica no Campo, n.º 02.

BRASIL. (Constituição 1988). **Constituição da República Federativa do Brasil**: promulgada em 05 de outubro de 1988.4. ed. São Paulo: Saraiva 1990.

BRASIL. Lei n. 9394, de 20 de dezembro de 1996. Lei de Diretrizes e Bases da Educação Nacional. **Diário Oficial da União**, Brasília, DF, 20 dez. 1996. Disponível em: https://www.planalto.gov.br/ccivil_03/leis/l9394.htm. Acesso em: 13 nov. 2023.

MOREIRA, Antônio F. B.; SILVA, Tomaz T. (org.). **Currículo, Cultura e Sociedade.** São Paulo: Cortez, 2009.

SACRISTÁN, José Gimeno; PÉREZ GÓMEZ, Angel. **Compreender e Transformar o Ensino**. 4. ed. Porto Alegre: Artmed, 1999.

SACRISTÁN, Gimeno José. **O currículo: uma reflexão sobre a prática**. 3. ed. Porto Alegre: Artmed, 2000.

SILVA, Tomaz Tadeu da. **Identidades terminais**: as transformações na política da pedagogia e na pedagogia da política. Petrópolis: Vozes, 1996.

SOBRE OS AUTORES

Cristiani Carina Negrão Gallois

Mestre em Educação pela Universidade Federal de Tocantins (UFT); graduada em Licenciatura Plena em Pedagogia pela Universidade do Estado da Bahia (Uneb); licenciada em História pela Uneb; licenciada em Sociologia pela Faculdade de Ciências da Bahia. Especialista em Avaliação da Aprendizagem pela Uneb; especialista em Gestão Escolar pela Universidade Federal da Bahia (UFBA); especialista em Ciências Humanas e Sociais aplicadas e o mundo do trabalho pela Universidade Federal do Piauí (UFPI); e especialista em Metodologia do Ensino de História pela Faculdade Dom Alberto – Grupo Faveni. Professora do curso de Pedagogia da UNIFAAHF (Centro Universitário Arnaldo Horácio Ferreira). Professora de História na educação básica (anos finais do ensino fundamental) e Educação de Jovens e Adultos (EJA) em Luís Eduardo Magalhães/BA e Barreiras/BA). Experiência em gestão escolar. Desenvolve pesquisa na área de Avaliação da Aprendizagem.

E-mail: negrao.gallois@hotmail.com
Orcid: 0000- 0003-3969-5885

Eriene Macêdo de Moraes

Doutoranda em Educação pela Universidade Federal de Goiás (UFG). Mestre em Educação pela Universidade Federal do Tocantins (UFT). Graduada em Pedagogia pela Universidade Estadual da Bahia (Uneb). Graduada em Matemática pela Faculdade de Ciências da Bahia (Faciba). Especialista em Gestão Escolar e Coordenação Pedagógica pela Universidade Federal da Bahia (UFBA). Especialista em Gestão Educacional pela Faculdade São Salvador (FSS). Especialista em Matemática pela Faculdade do Noroeste de Minas (Finom). Experiências em coordenadora pedagógica; Gestão Escolar; Formação Continuada na área de Matemática; Professora de Matemática nos anos finais do ensino fundamental. Desenvolve pesquisa em Formação Continuada do professor e Saber Matemático.

E-mail: erienemacedo2013@gmail.com
Orcid: 0000-0001-6239-279X

SOBRE OS COAUTORES

Leandro Santana Oliveira

Mestre em Matemática pela Universidade Federal do Tocantins (UFT). Especialista em Metodologia do Ensino da Matemática pelo Centro Universitário Leonardo da Vinci. Graduado em Matemática pela Universidade Estadual de Santa Cruz (UESC). Experiências como professor de Matemática na educação básica e no ensino superior. Atua como Formador de professores que ensinam Matemática em Ilhéus/BA. Desenvolveu pesquisa sobre avaliação.

E-mail: leandro_santana_oliveira@yahoo.com.br

Marcos Antonio de Jesus

Mestre em Matemática pela Universidade Federal do Tocantins (UFT). Especialista em Ensino da Matemática pela Faculdade Regional de Filosofia, Ciências e Letras de Candeias (FAC). Graduado em Matemática pelo Instituto Federal de Educação, Ciência e Tecnologia (IFBA). Atua como professor de Matemática na educação básica (anos finais do EF em Luís Eduardo Magalhães/BA e no ensino médio em Barreiras/BA). Desenvolveu pesquisa sobre Evasão no curso de licenciatura em Matemática e Probabilidade Geométrica.

E-mail: marcos_antjesus@hotmail.com

Vânia Maria de Araújo Passos

Doutora em Educação pela Universidade Federal de Goiás (UFG, 2011). Mestre em Educação pela Universidade de Brasília (UNB, 1995). Especialista em Avaliação Educacional (UNB, 1998). Especialista em Administração Educacional: política, planejamento e gestão (UNB/UNITINS, 1992). Graduada em Pedagogia pela Faculdade de Ciências Filosofia e Letras de Araguari, MG (1988). Atuou como coordenadora de cursos de graduação: Normal Superior e Pedagogia, nos Câmpus de Palmas e Miracema. Atualmente, é professora do curso de Pedagogia, campus de Miracema, professora do Programa de Pós-Graduação Profissional em Educação, campus de Palmas e Pró-reitora de graduação da Fundação Universidade Federal do Tocantins (UFT). Atua na área Educacional, principalmente nos seguintes temas: formação, profissionalização e prática docente; avaliação educacional e avaliação institucional.

E-mail: vaniapassos@uft.edu.br

Orcid: 0000-0002-6086-1705